GRAVITARE
万有引力

记 录 人 类 历 史 关 键 瞬 间

The translation of this work was financed

by the Goethe-Institut China.

本书获得歌德学院（中国）全额翻译资助。

无处安放的同情

关于全球化的道德思想实验

Nahes und Fernes Unglück

Versuch über das Mitleid

〔德〕 汉宁·里德（Henning Ritter） 周雨霏

著 译

歌德学院（中国）
翻译资助计划

SPM
南方出版传媒
广东人民出版社
·广州·

本书系纯粹理论探讨，于实际生活毫无指导意义，谨启。

译者序

"在每个周五的下午，当我到了咖啡店时，汉宁·里德（Henning Ritter）总是已经在那儿了。我在门口稍作逗留，好仔细观察他。他埋首于文稿中，全神贯注，像是有个无形的罩子将他与四周的人隔绝开来。他的手中握着支铅笔，他的阅读总是立即转化成批注和评论。过了一会儿，他抬起头看到我，露出那特有的诙谐坏笑。"2013 年 6 月 23 日，69 岁的汉宁·里德因病在柏林去世后，他的友人、法兰克福作家马丁·莫泽巴赫（Matin Mosebach）如此回忆。

汉宁·里德生于 1943 年的西里西亚，父亲为明斯特的哲学家约阿希姆·里德（Joachim Ritter）。他曾在柏林自由大学学习艺术史、哲学与古典学，翻译出版卢梭作品集，在 20 世纪六七十年代西柏林的知识分子圈子里颇为活跃。虽然汉宁·里德没有选择从事学术研究，甚至未取得学位（除了汉堡大学颁发的荣誉博士学位），但这并未妨碍他成为文字考究的旧式学人，欧洲人文思想中独具品位的漫游者（Flaneur）。与其父亲不同，汉宁·里德的作品从不追求体系化的思想构建，他的作品以流动思维中屡屡出现闪光点而著称。作家莱纳尔德·戈茨（Rainald Goetz）曾撰文评论道："汉宁·里德的思索来源于文本，产生于他与古典思想家的对话之中。进入这场对话的读者将在阅读的过程中自己抵达质疑、矛盾、答案，当然最好是与作者达成认同。（中略）里德的文风在追求写作的另一种原始功能，这就是捕捉跳跃着的思维过程。

里德收集起那些灵光一现、那些闪烁在思维之聚散离合中的无数个顿悟的瞬间，接着以诡辩的方式使这些偶尔迸出的思想火花变得通俗易懂。在这一过程中，作者的'自我'看似是消失了。"

作为非学院派的散文家、媒体人与思考者，汉宁·里德在作家、人文学者及各式知识分子之间交友甚广。1985 年，他成为《法兰克福汇报》文艺副刊《人文学》（*Geisteswissenschaften*）板块的责任编辑，到 2008 年退休的二十多年里将该板块耕耘成一块现代媒体中已十分罕见的、充满了古典人文气质的园地。除了本书，里德本人的主要作品包括《长影子》（1992）、《东河岸边的楼群风景：我们这个时代的遗产》（2000）、《笔记本》（2010）、《伤者的嚎叫：关于残酷的讨论》（2013）。其中《笔记本》获得 2011 年的莱比锡图书奖。

* * *

本书的德文原版早在 2004 年就已问世。当时正值红绿联盟政府的执政艰难期，长期的经济低迷与居高不下的失业率成为德国媒体最关注的话题。欧洲难民危机尚未发生，其所激活的一些传统道德哲学问题，譬如道德的对象应如何界定、如何区分作为命运共同体的"我们"与该共同体之外的"他者"，在德语公共圈内亦未引起广泛争论。汉宁·里德已经敏锐地意识到，大众传媒的飞速发展正在对传统的道德情感产生一些不可逆的作用。同情和共感，原本是人们对身边的、近旁的同胞所抱有的情感。当全球化使世界变得看似越来越小，当传媒技术足以将灾难的现场在视觉和听觉上带到我们身边，当世界各地发生的不幸都能够迅速进入人们的视野时，人们是否会对不相识的他者产生一种"四海之内皆兄弟"式的同情呢？而这种看似普世的同情心，将指引人们走向无边界的人类命运共同体，还是一种抽象的伪道德？不指向任何具体的道德行为，最终会不会让人们在伦理方面成为言语上的巨人、行动上的矮子呢？

本书即是汉宁·里德围绕着上述问题展开的思索。里德指引读者进入18世纪的思想世界——这是欧洲社会迈入近代初期，各种道德信念随着地理大发现与资本主义的全球扩张开始互相碰撞，相互作用的时期。通过援引古典哲学家们关于道德之有效范围的争论，里德将穿越时间与空间的文本连同其产生的背景一同呈现于读者的面前。与作者其他的作品类似，本书并非旨在通过系统性的分析来论证具体的观点，而更像是一系列围绕着同一个论题展开、相互之间关联较为松散的哲学随笔集。

第一部《杀死满大人》，以巴尔扎克《高老头》中，主人公拉斯蒂涅与友人毕安训之间的一段对话开场。拉斯蒂涅问，若单凭使用意念就可杀死一位远在北京的满大人并因此致富，是否值得试试看呢？以经典文本为分析对象，通过追溯这一桥段在启蒙以来的欧洲思想史中以千变万化的姿态被反复引用的谱系，里德发现，围绕着道德感、同情心之有效范围的论争最早发生在启蒙哲人之间。以狄德罗为代表的百科全书派哲人主张，人应当致力于这样一种道德上的自我升华，让陌生、遥远处发生的灾祸像降临在邻人亲友身上的不幸一样震撼他们的内心。卢梭则持相反意见。基于自然法的道德传统，卢梭认为，自然状态中的人只能在与人的现实交往中获得道德感觉；对陌生他者的道德责任感，并非源于人的自然状态，而是通过教化习得。众所周知，对于自然社会、自然感情，通过规训、制度化逐渐走向"文明"的叙事，后期卢梭抱有十分怀疑与消极的态度。他警惕对"文明"的笃信与对普世人性的盲目乐观，并暗示毁灭的种子恰恰就埋藏在文明社会的高歌猛进之中。卢梭对进步主义的嘲讽、对经济合理主义的批判、对文明及其命运的怀疑，在第一次世界大战期间重新浮出水面。弗洛伊德援用满大人的桥段——虽然弗氏对"自然状态"的认识与卢梭大相径庭——来表明他对文明进程的认识：文明发展的逻辑中孕育着倒退的危机。

第二部《道德的地理学》爬梳了 16 世纪的地理大发现以来，欧洲哲人们围绕着"是否存在放之四海皆准的普世价值、普世道德"这一问题所展开的思考。大航海时代让欧洲人有机会去探索地图上未知的地区，带回关于异域的见闻。其中各种光怪陆离的习惯与礼俗引发人们对身边习以为常的道德规范和法律制度相对化的思考，同时追问，不同的地理空间中运行着的，究竟是不同的真理，还是真理的另一种表现形式。这一问题意识在法国哲学思想中的分歧，体现为伏尔泰在处理卡拉事件时标榜普世正义，呼唤一个覆盖全人类的法庭；而贝卡里亚等人则主张，法律与道德具有地理上的局限性。换言之，当犯罪行为触犯了某地的公共安全，理应由该地的司法机关来进行量刑。这就离卡尔·施米特在《大地的法》中提出的边界理论（amity lines）不远了：和平、契约、规范与睦邻关系仅仅在边界的这一边有效，越过边界则进入了不法之地。任何一位熟悉德国思想界的读者，对里德与这位"危险的心灵"之间维持多年的忘年友谊都不会陌生。通过援引孟德斯鸠和托克维尔关于自然风貌塑造政治体制，社会制度决定个人意识情感的论述，里德含蓄地对施米特提出的二分法进行了呼应：一条边界割裂了欧洲与欧洲以外（尤其是新世界），区分了法制的空间与法外之地。

第三部《遥望远处的灾难》以 1755 年发生在里斯本的一场大地震开篇。这场灾难震撼了整个欧洲，促使知识精英们开始集中思考这样一组问题：当听说这座欧洲大都会里的数万人瞬间在地震中丧命，人们还要为了自己身上微不足道的疾患耿耿于怀吗？远在欧洲其他城市的居民应当以何种姿态来面对里斯本的悲剧，才算是符合仁义道德呢？伏尔泰以此次地震为契机，开始了他对天命主义者的讨伐。伏尔泰洞察到，欧洲其他城市的住民对发生在里斯本的悲剧感到恐慌，正因为他们在事件中感受到一种关于存在的不安：里斯本的命运随时有可能降临到自己身上。相对于在伏尔泰身上过少的着墨，里德花费大量篇幅讨论亚当·斯密对于类似问题的回应。在《道德情操论》中，斯密塑造了这样一个人物形象：一名与中国毫无贸易往来和利益瓜葛的善良的伦敦人，当他听到这个巨大帝国连同亿万居民被地震吞没时，他首先感到震动，不久后便化为对人生无常的感慨，然后一切回归平常。讽刺的是，如果这名伦敦人在睡前得知自己将失去一根小手指，他会彻夜难眠，惶恐不安。里德发现，斯密塑造伦敦人这一形象，实际在隐秘地回应狄德罗关于自然权利的辞条中对于"残暴的思考者"的描述。在这一部分中，里德通过耗费大量篇幅追溯斯密对情感逻辑与行为逻辑的区分，传达了他对同时代的博爱主义者的警告：看似高尚的同情心，如果无法与援助受害者的具体行为建立联系，就仅仅是一种"矫揉造作的悲痛"而已。

　　第四部《塞住两耳的哲学家》以卢梭"第二论文"① 中一个段落的真实作者为悬念，通过揭示隐藏在卢梭与百科全书派学人（主要是狄德罗）文本中的言外行为（illocutionary act），呈现了二者对人性抱有的截然相反的理解。在"第二论文"中出现了这样一个人物：当哲学家听到可怜的人在他窗子底下哀号，他扯了扯睡帽来遮住自己的耳朵。事后，在《忏悔录》《对话录》以及给圣 – 日耳曼先生的信件中，卢梭一口咬定这一残酷的形象并非源自自己笔下，而是狄德罗的加笔。卢梭对这一形象的否定，与他对"自然人"的赞美直接相关：卢梭认为，目睹受苦的生命而涌出怜悯心，是人类以及动物的本能。捂住耳朵的哲学家正是因了过度深思熟虑，理智压倒了他本能的同情心，阻止了他对窗下那名可怜人施救。卢梭由此继续推演到，理性与思辨或许能够使我们在抽象的层面体察到遥远处的人们所遭受的不幸，却使我们逐渐失去意愿和能力，对眼下、对身边的现实中受苦的人们伸出援手。里德对卢梭的仰慕由来已久。早在 1978 年，里德就编译了一套卢梭著作集（上下二册）以及卢梭书信集一册，2012 年再次编译出版卢梭哲学书信集一册，可以说对卢梭思想的倾倒几乎贯穿里德的整个创作生涯。或许里德对卢梭极端的主张"沉思的人是一种变了质的动物"持保留态度，但卢梭对同时代哲学狂热主义的警告无疑让里德感到不安：当启蒙所带来的对理性和进步的信仰无往不利地取代了作为偏见与盲信的宗教狂热主义，理性主义本身已处于变成另一种盲信的危机。

---

　　① 通常将卢梭1750年应第戎科学院的征文而写的《论科学和艺术》称为"第一论文"，1753 年再次应征时所写的《论人类不平等的起源和基础》为"第二论文"。——译注。本书中的注释若无特殊说明，皆为译注。

在本书中，里德对进步主义、辉格史观的警觉，对启蒙及其困境的反思随处可见。从卢梭对即将到来的"革命的世纪"之预言，到弗洛伊德与其同时代人对"文明的进程必须经历倒退与回归"的共识，里德似乎在暗示，对人类道德日益进步、人权意识日臻完善的近代主义式的盲信不过是一种虚妄的幻想。每当这种傲慢的妄想被鼓吹到极致，人类就离灾难不远了。里德也敏锐地捕捉到，当上一次灾难已经过去半个世纪，对"政治正确"近乎道德洁癖式的坚持似乎与理性主义在18世纪所扮演的角色一样，取代了不久前给人类带来巨大灾难的全体主义，成为不容置疑的新宗教。与此同时，过于迅猛的全球化重新激活了一个在地理大发现的时代业已出现过的道德问题：对于那些发生在自己的家门、国门外，甚至万里之外的灾难，一个道德高尚的人是否应当感同身受呢？

在他的突然离世之前，里德曾向《观念史杂志》（*Zeitschrift für Ideengeschichte*）的特辑《保守主义美学》寄去一篇题为《德国式的事物》（*Deutsche Dinge*）的散文，对基民盟政权在欧元危机中的处理政策，尤其是希腊拯救方案提出异议。里德认为，当代历史研究（Zeitgeschichte）作为战后德国公共圈中支配性的话语，通过将"记忆的塑造"置于"还原史实"之上，不断地再生产关于赎罪的神话，同时向公众进行道德使命的说教。这种对于"责任能力"（Schuldfähigkeit，汉斯·布鲁门伯格语）近乎痴迷的追求使得德国在欧洲面临二战后最严重的危机，其所扮演的掌舵人的角色在很大程度上成为了一种道德令式（moral imperative）。在文章的结尾，里德援用胡戈·冯·霍夫曼史塔对道德教化之反作用的嘲讽，如此写道："德国人对德性过分的强调，正是非道德的根源。当有那么一天，道德教化的力量枯竭，等待着人们的，除了卷土重来的非道，还能有什么？在今天的德国，人们明显能观察到道德的疲软无力化：道德仅存在于公共领域，在个体生活中，它已失去了分量。"①

里德去世后仅两年，欧洲大陆面临的道德危机之紧迫性上升到了前所未有的高度。2015年9月，叙利亚男孩艾伦·科迪伏尸海滩的照片在欧洲各大媒体揭载，拷问着这片大陆上每一个拥有政治参与权的人，在面对难民潮时要采取何种姿态。至2017年底，德国实施开放边境政策以来入境的难民达到100万人以上。同时，欧洲境内"文明的冲突"亦在升级。仅在2016年一年，情节恶劣的恐怖事件在欧洲此起彼伏：3月22日，布鲁塞尔连环爆炸案造成32人死亡；7月14日，一辆货车在尼斯冲撞庆祝国庆的人群，造成至少80余人丧生；一周后，慕尼黑奥林匹亚购物中心发生枪击事件，造成9人死亡；12月19日，卡车袭击柏林夏洛滕堡区的圣诞市场，致12死56伤。在面临欧元危机、难民危机以及全球化带来的人口结构的变化以及对身份认同的不安时，德国选民做出的选择应该不会让里德感到意外：在2017年9月的德国大选中，德国另类选择党（Alternative für Deutschland）得到12.6%的选票，一跃成为德国第三大党，也是战后第一个进入德国联邦议会的极右翼政党。

显而易见，伴随着全球化而来的强制性的普世主义给欧洲的自我认同与自我主张带来了前所未有的挑战。作为保守主义

---

① Henning Ritter, "Deutsche Dinge", *Zeitschrift für Ideengeschichte*, Heft VII/3, Herbst 2013, p. 57.

者的回应，来自欧洲各国的十名保守主义学者在 2017 年 10 月7 日发布连署声明《一个我们能够信靠的欧洲》（*A Europe We Can Believe In*，即《巴黎声明》），其中有数个主张与本书的主旨不谋而合，比如其中屡屡提到的关键词"一个虚假的欧洲"。声明称，这个虚假的欧洲"把自己歌颂为一个普世共同体的先驱，但事实上，它既谈不上普世，更称不上是一个共同体"。此外，"虚假欧洲的支持者受惑于一种对进步的必然性的迷信。他们相信历史站在他们一边，这种信念使其变得傲慢和轻蔑，也没有能力去承认他们正在建构的所谓'后民族''后文化'的世界存在着各种缺陷"。在里德看来，百科全书派学人所构想的日趋大同的世界正是这样一个"虚假的欧洲"：盲信进步、盲信普世价值与仁爱，盲信人能够通过思考与道德提升将人性的纽带扩展到全世界。此外，值得注意的是，里德格外关注的、卢梭对理性狂热主义的警告在《巴黎声明》中也得到了体现。第 24 条"我们必须抵制假造的宗教"正是在抨击启蒙的负面遗产给今天的欧洲带来的灾难："普世主义者以及虚假欧洲的普世化自负，暴露了这是一种假造的宗教事业，包含着强烈的教义承诺——以及革出教门。这是一种有效的麻醉剂，使欧洲作为一个政治体陷入麻痹无力。我们必须坚持，宗教渴望适存于宗教的领域，而非政治的领域，更不用说官僚行政领域。为了恢复我们政治和历史的能动性，欧洲公共生活的再世俗化是势在必行的。"

里德在本书中要表达的核心思想与《巴黎声明》的异曲同工并非巧合。签署声明的唯一一名德国学者罗伯特·施佩曼（Robert Spaemann）正是约阿希姆·里德的弟子和明斯特学者圈子中重要的天主教哲学家。如果将本书同时置于欧洲保守主义思想谱系以及全球化、欧洲一体化给后冷战时期的欧洲带来的身份认同危机这两个维度内，读者不难认识到，本书中的思索正是一名文化保守派学人对中间偏左的主流公共圈冷静而委婉的问责。

＊ ＊ ＊

本书中含有大量对古典哲学作品的直接或者间接引用。但因是哲学散文集的缘故，引用部分均未注明出处。译者尽量参照上下文确定引用源，业已有中文译本的作品在引用时以前人的译文为参考。译者在确认引用源的过程中，多次得到已故华东师范大学政治学系讲师江绪林的指点，在此对逝者表示衷心的感谢与怀念。此外还要感谢南京大学外国语学院德语讲师常旺与法国社会科学高等研究院法国史专业博士候选人杨光，为译者在德语和法语理解方面的问题解惑。限于译者的德语及专业水平，译文中错讹与不妥在所难免，恳请读者指正。

周雨霏
2019 年 12 月 26 日于大阪大学

目录 | contents

导言

西方文明的子民坚信自己具有设身处地站在他人立场上思考的能力。鲜有什么别的，能让他们显示出如此自信。他们甚至相信这种能力在与日俱增，终会有一天，基于同情与共感的道德观将把整个世界纳入其范围之中。对遥远处事物的感应，其对象不仅涵盖人类，同时也包括形形色色的生物，甚至过去发生的事件，乃至宫殿楼阁的遗迹、热带雨林等诸种文化遗产。这种共感，似乎既不受空间上的制约，也不受时间上的阻隔：在地球另一端发生的不幸，原则上应与近邻隔壁的遭遇一样，在人们心中激起同等程度的怜悯；欧洲殖民者在美洲大陆犯下的暴行，与眼下的不公惹起人们同样的怜悯。只有基于上述预设，我们才能理解，为何政客们会为了几百年前的罪行（譬如奴隶贸易）向受害者在世的后代们谢罪。 8

想要满足同情心衍生出的包罗万象的要求，困难是显而易见的——人们必须成为深谙怜悯之道的高手，才能应对不断扩展的道德对象。在历史上，人们已经利用文学、戏剧和绘画作品作为辅助手段。今天的媒介手段更是数不胜数，让人们仿佛能近距离感受遥远处的不幸，尤其是通过摄影、影视及电视作品。当摄影技术捕捉到世界上某一角落的惨状，观者会在距离感上出现错觉，仿佛远处发生的一切比身边的不幸更容易触动他们。通过这种作用，摄影成了最新的一种具有道德效应的艺术形式。在有些场合，如"9·11事件"之后，媒体为了展现事件发生时的场景穷尽其能，使现场以外的全球观众都身临其境般地分享当事者的经历。通过这些手段，哪怕是远离现场的人们也能以关注、同情及支援的姿态来参与事件，并跻身于一个文明化了的共同体。在这里，人们共享上述有关同情的道德观念。

今天，人们普遍相信，对数量更多、分布范围更广的个体抱有同情心，标志着道德的进化。这一信念惊人地深入人心，虽然至今它尚未被明文化，更没上升为法律法规，它目前还只是很多人共同坚持的一种信念。这一信念看似是晚近才出现的，而实际上，19 世纪中叶以来涌现的不少国际人道救援组织（如红十字国际委员会），其伦理基础正是基于上述信念。虽然表达方式或直白或隐晦，但这些机构都立足于这样的道德主旨：人道精神无国界。此处我们同样发现，这一道德观念通过不断扩大它的对象范围来实现自我正当化——人越是能够对五湖四海的人们所遭遇的不幸表示同情，并伸出援手，就越是显得处于道德高地。

显然，距离上的近与远之问题，并不是最近才出现于道德哲学与道德批判。早在地理大发现的时代，当域外的习俗与习惯使人们对本地的传统道德产生质疑时，近与远的问题就已经出现了。帕斯卡尔激情的呐喊"一条子午线就决定真理"，正是文化与文明相遇的时代最鲜明的见证。本书的第二部分，将勾勒通往道德与政治制度多元主义之路上的几个重镇，从蒙田到柏格森。他们的思想构成了一个背景，反映出行动空间在全球范围的扩张，是如何激发了诸种对道德的质疑。

作为散文集，本书的结构不同于哲学著述中常见的系统化论述方式，它的重点集中于几个人物形象。这几个人物形象直接出现在 18 世纪关于道德的众多讨论中，而且格外生动地反映了当时的人们在道德方面所抱有的不安。这其中包括狄德罗笔下"残暴的思考者"，他为了保全自己不惜毁灭一部分人类。还有卢梭笔下"捂住耳朵的哲学家"，他甚至无心去搭救一个在他窗外被谋杀的人。此外还包括亚当·斯密虚构出的"富有人性的伦敦人"，在遥远中国的地震中丧生的人们颇让他感到震惊与难过，而当他想到自己或会遭遇不幸时，便把上一刻的同情心与他仁爱的哲学忘得一干二净。为了不让厄运降临在自己头上，他甚至不惮于牺牲掉一部分人类的性命。

上述三个形象，均来自关于自私心的威力与界限的大讨 10
论。在 18 世纪的讨论中，同情心仅仅是作为自私心的反作用力，不经意地出现。在当时的众哲人中，卢梭是唯一一位，将同情心置于人类的本性之中。可哪怕是卢梭，也预设了这样的前提：文明社会将人们的同情之心消磨殆尽，已不可指望其发挥作用。由于卢梭写下了不少关于同情的思考，也由于他对覆盖整个人类的道德与普世仁爱的态度颇消极，卢梭在本书中作为核心人物出现。亚当·斯密在某种程度上也可看作是卢梭的盟友：通过他"富有人性的伦敦人"的桥段，斯密告诫人们，若过于积极地实践普世仁爱，就必须承担它所带来的后果。斯密同时驳斥了人们期待同情心会不断促进道德升华的想法。只有狄德罗坚定不移地执着于建设普世道德的事业，并做好了付出代价的准备——将那些不遵从文明理性之律法的人们，从"人"的队伍中清除出去。

打从近代理性文明自 18 世纪出现以来，对其是否能给人类带来福音的质疑一直伴随着它。反映这一质疑的最锐利的话语，就是巴尔扎克对他的读者提出的问题。巴尔扎克问道，如果仅凭意念就能杀死一个远在北京的满大人，并成为富翁，你会怎么做呢？满大人的问题成了一则脍炙人口的桥段。弗洛伊德也熟悉这个故事，从满大人桥段的流行，弗洛伊德读到了一个普通欧洲人如下的坦白：要能忘了人的良心和那些道德戒律，就再好不过了。此书以满大人的故事开场，通过研究狄德罗、卢梭、亚当·斯密等人笔下的人物形象来追溯这一思想的谱系，因为后三者皆可被认为是同一设问的诸种不同形态，追问道德的有效范围。

11 本书的主人公们，均是人类道德向着普世化发展的进程中出现的角色。他们被看作是同时代道德哲学的挑衅者，对发现与征服的时代中出现的混乱做出了反馈。是时，人们行动范围的急剧拓展引发这样一个问题：人类道德心的边界是否能同步扩宽，与商业社会的飞速膨胀同步呢？它是会分裂为两种道德，一种适用于身边的人与事，另一种专针对遥远处的不幸，还是会自我迷失，沦为游离于现实的抽象观念呢？道德全球化的质疑者们警告人们不要高估了同情心的力量，同时对一种所谓普世仁爱的道德究竟是否有可能实现提出疑问。他们游弋于道德的确定性之外的一片令人不安的地带，这正是本书接下来要讨论的范畴。本书将追寻上述哲学讨论的足迹，而这一讨论直至今日仍未结束。讨论中最有力度的思潮之一，是对合理主义保持距离，坚持理性仅在一定范围内有效。即使在今天，人们的行动范围已覆盖全球，当人们试图寻找一种与之匹配的道德指引时，上述带有文化悲观主义色彩的哲学思潮中涌现的大量主题仍具有不逊当年的现实性。

本书带领读者进入一个错综纷繁的文献世界，这些文献主要产生于18世纪。通过追寻蛛丝马迹，读者的面前呈现出一张由各种思想与人物形象所编织成的网络。这些形象反复出现，也使人们得以追溯其谱系。在这一可被称为隐蔽的哲思的过程中，灵光一现联想到的画面与例子，跟论据一样被认真对待。画与寓言，注释与短语承担了论据的重担。这同时也证明了，过去那些看似相互孤立、毫无关联的思想主题能够贯穿时代，在今天仍同样具有现实意义。本书中所有独立小标题下的内容可作为独立作品阅读，但只有在上下文的关系中，读者方 12 能一睹文献的全貌，纵观这一由各式主人公、各种真实的历史人物与虚构的形象所编织成的网络。

本书的初稿于 2002 年春天在美国加利福尼亚的斯坦福大学以报告的形式发表。在此我要感谢邀我赴美的友人汉斯·乌尔里希·古姆布莱希特（Hans Ulrich Gumbrecht），他也使此行成为一次令人愉悦的思想盛宴。的里雅斯特（Trieste）的赖默·克莱因（Reimar Klein）是我常年来忠实的朋友与交流对象，也是这本散文集的第一位读者。此书献给我亲爱的女士安娜。

汉宁·里德，2004 年 5 月

第二部

杀死满大人

若单凭意念就可以杀死一位远在北京的满大人，并因此致富，你会怎么做？

第一节　拉斯蒂涅踌躇了

　　在巴尔扎克的小说《高老头》中，拉斯蒂涅向他在卢森 15堡公园碰见的友人、医科学生毕安训，提出了一个奇怪的问题："你看过卢梭的作品吗？他在书中有一段问读者，如果在巴黎不动窝，单凭意念便能杀掉一个中国的满大人①而发财，他们干不干？你记得吗？"毕安训记得卢梭作品里的这一处，但他是否会点头，同意在这模拟的情景中凭借杀害满大人而致富呢？他承认自己做不到。拉斯蒂涅却解释道，生活中有时会出现一些境况，让人非得咬牙搏一搏不可。比如说当你神魂颠倒地爱上了一个女人，而她又需要大笔钱来买衣服、置办马车，随意挥霍。那你可不会仅满足于献上几个铜板吧。拉斯蒂涅有两个正待嫁的妹妹，而他还不知要上哪儿去筹这二十万法 16郎的嫁妆。他想跻身巴黎上流社会，却犹豫不决是否要为此下血本。在这两个学生居住的公寓里，还住着一名在逃的苦役犯伏脱冷，他支配着一个分支庞大的犯罪组织。伏脱冷给拉斯蒂涅的未来出了个主意：这名法学生得爱上泰伊番小姐，她的哥哥为了父亲数百万的遗产欺骗了她。伏脱冷将铲除她碍事的兄长，这样拉斯蒂涅就能通过这桩亲事摇身变成富翁。面对这一

―――――――――

　　①　当时法国人将中国清朝官员称满大人。

协定，拉斯蒂涅踌躇了。他倒宁可牺牲远在北京的满大人，而不愿为了梦想的幸福而染指一桩近在巴黎的谋杀。

在二人的长谈中，伏脱冷向拉斯蒂涅兜售了他的哲学：人生就是这样，人们总得为了捞油水而弄脏手，谋杀并不比一场金钱婚姻所带来的折磨更糟。一个乡间律师的蝇营狗苟也不比弥天大罪更无辜，要想捞油水就得摘下道德眼镜来看社会。在巴黎，出人头地才是一切，道德家永远也改变不了现实——这位马基雅维利主义者如此告诫拉斯蒂涅。他着了魔般被这样一种看法所吸引："头脑和良知都离他远远的，他只看到这世界原本的样子。"走运就是美德，伏脱冷宣告道：在富人面前，法律和道德不堪一击，说白了这社会不过是骗子和受骗人的集合体。伏盖公寓里的现实是活生生的一课——倒霉鬼们不会扶持互助，他们对别人的贫苦漠不关心。在这社会里，厄难毫无震慑力。

巴尔扎克讲述着那些发生在社会最底层的悲喜剧。他目睹了在巴黎上演的多彩生活，那里面交织着真的痛苦和假的朋友，再将这些令人迷惑的印象在他充满了情感冲突的全景画卷中展开。即使很多事件是如此骇人，以至于——巴尔扎克解释道——连最不可救药的利己主义者都要在惊愕中收手。但这印象消失得是如此之快，就像是人们很快就忘记了一只匆忙被啃掉的水果。巴尔扎克以这种方式领着他的读者进入了高老头的故事。高老头为他的两个女儿搭上了自己所有的财产，却在临终前被二人抛下，孤独地死去。在小说的结尾，继高老头之死的大场面之后，拉斯蒂涅终于狠下决心要跻身巴黎上流社会。他向这个嗡嗡作响的蜂房看了一眼，似乎想吸尽其中的蜂蜜，同时喊出了这样一句豪言壮语："好，现在咱们来较量较量吧！"这正是巴尔扎克站在巴塔耶街居所的窗台上，面对着巴黎时，呼喊出"总有一天会征服这个城市"之誓言的倒影。

《高老头》是整个《人间喜剧》系列中，巴尔扎克采用"人物再现法"的第一次尝试。拉斯蒂涅之前已在《驴皮记》中登场。随着时间的推移，反复出现的人物达到三千个，这给人们造成一种幻象，就仿佛他们属于真实的巴黎似的。读者对他们的生平了若指掌，就像是了解现实社会中有头有脸的人物。在《人间喜剧》中，拉斯蒂涅是出场最频繁的人物之一，他在二十五部小说中露脸，而他的朋友毕安训甚至在二十九部书中出现。这个最终当上了内阁大臣的不择手段的野心家，与他无欲无求的医生朋友，就像天平左右平衡的两端，体现了两种相对立的道德观。当躺在病榻上的巴尔扎克要求召唤他的医生时，他指的正是毕安训。

在小说中，拉斯蒂涅和毕安训都称他们知道卢梭著述中的满大人寓言。这实际上属于巴尔扎克将现实与虚构穿插混合的写作技巧。因为在卢梭著述中，根本没有这则寓言。巴尔扎克如何确信，那些熟悉卢梭的读者会欣然接受呢？然而他成功了。在之后很长一段时间里，人们都误以为满大人的寓言是卢梭的首创。1915年，西格蒙德·弗洛伊德在《对战争与死亡时期的思考》中首次引用这一寓言，之后在《文明及其缺憾》中再次引用，仿佛卢梭的作者身份不容置疑。人们自然地将这则寓言置于卢梭所处的时代，这一方面是因为在18世纪思潮中，满大人是贤明立法者的化身；另一方面，在当时关于远程控制作用与偶发事件之关联的诸种猜测中，满大人也常扮演重要的角色。恩斯特·云格尔（Ernst Jünger，1895—1998）在

1965 年 7 月 12 日的日记中，对狄德罗作品的引用也印证了这一点：一桩发生于巴黎出租屋中的弑父凶案该如何进行，取决于远在中国的一位满大人在起床时，究竟是先动左腿还是动右腿。这同样也是一桩由遥远处微小的动静所引起的谋杀案。在这里，巴尔扎克显然是在追溯一个属于 18 世纪哲学范畴的案例。

第二节　对简朴的礼赞

虽然卢梭本人从未在作品中提到满大人的故事，巴尔扎克依然将此故事与卢梭的名字挂上钩。他明显认为这则故事的潜在思想与卢梭的哲学之间存在深层关联。如果在这里就放弃追究巴尔扎克提及卢梭的原因，还为时尚早。不久之后，卢梭的名字再一次出现在拉斯蒂涅和毕安训之间的对话里。满大人难题，毕安训说，是每一个人入世时都要遇到的问题。有人想飞黄腾达，有人苟安于平凡的生活。人总得在大天地和小圈子之间做出选择。毕安训觉得，一个人的需求在最小的圈子里也同样能得到满足。幸福需要花费每年一百万也好，一百个路易也好，内心的感受都是一样的。毕安训援引卢梭的《新爱洛伊丝》和《爱弥儿》作为论据，反对不惜代价换取飞黄腾达的行为，为自己所做出的选择——当一名乡村医生，过着简朴的生活——进行了辩护。

毕安训大概知晓卢梭在《新爱洛伊丝》和《忏悔录》中所描绘的那小圈子里的美好小天堂。在《忏悔录》的第五章中，卢梭写道，围绕着德·华伦夫人的小圈子"或许是世界上绝无仅有的集体。我们的愿望、我们的关注、我们的心灵都是共同的，一点没有越出我们的小圈子"。这种自成系统的小社会是完美的，如果有第四个人加入，就好像一切秩序都乱了。① 毕安训所描绘的乡村医生的生活，也正是以这种简单、一目了然的圈子为背景的。在这里，人的基本欲求得以满足，情感生活也仅局限于为数不多的几个亲友之内。"人的欲求，"毕安训向他的野心家朋友拉斯蒂涅解释道，"在最小的圈子里和在大环境里同样能得到满足。拿破仑也没法一天吃两顿午饭，情妇也不比一个寄宿的医学院学生多几个。"

卢梭在《爱弥儿》中也传达了类似的讯息："各种身份的 20 人都是一样的，富人的胃也并不比穷人的胃更大和更能消化食物，主人的胳臂也不见得比仆人的胳臂更长、更有劲，一个伟大的人也不一定比一个普通的人更高，天生的需要，人都是一样的，满足需要的方法人人都是相同的。"仅有生活必需品就知足的人们，只有他们才能在上流社会中横行的各种蛊惑面前独善其身。在《新爱洛伊丝》中，卢梭写道，过剩，是所有苦痛的源头；但必需品，即使多余出来，也绝不会引起挥霍滥用，"因为必需品有它自然的限度，而实际的需要从来不是漫无节制的"。你可以把做二十件衣裳的钱用来单独做一件，把一年的收入一顿饭就吃光，但你没法同时穿两套衣服，一天吃两顿晚餐。毕安训正是遵循这种简约生活的哲学，而拉斯蒂涅则果断地踏上了通往挥霍的路。于是，点头干掉满大人的诱惑，对于后者来说要大得多。

毕安训援引卢梭的名言，用来陈述他为何拒绝用身份、阶层和财富来将人们区分开来的理由。而在《爱弥儿》中，卢

---

① 卢梭在《新爱洛伊丝》中，描写了在青年时期，自己在尚贝里与德·华伦夫人与其忠实的仆人克德·阿奈共同度过的简单、快乐的生活。

梭写下这些话时，却抱着对当时社会秩序的悲观展望。这就是卢梭有名的对法国大革命的预言。卢梭期望用这预言来摧毁现有秩序的骄傲及人们对其持久不衰的盲信。因为人们在面对正处于支配地位的秩序时，总难免偏颇，误以为它坚不可摧，对即将到来的、不可避免的革命一无所知。他们既无力预知革命，也无能阻止它的到来。实际上卢梭将这种看似不过是心理学的分析与预测相结合，洞悉了一场革命的到来。直接激发了卢梭之预测的，不是普遍蔓延的贫穷，而是法兰西王国的光辉："任何一个闪耀着的王国，都正处在没落中。"卢梭显然认为进一步的解释是多余和危险的。他对革命的预告与他在最初关于科学与艺术的论述中所反映出的文明同根论——科学艺术不仅无助于敦风化俗，反而将招致无可挽回的道德沦丧。

这一回答的原创性在于，它指出文明社会的没落就蕴藏于其发展之中。崛起的过程即是衰退的过程，所以文明社会维持一段时期后必寿终正寝。卢梭可不打算去力挽狂澜，因为他不相信，一个已经呈现衰退趋势的社会还值得延年益寿。卢梭也不认为危机会推迟到来，使得现存秩序在短时间内依然苟延残喘，甚至发生逆转。他洞见到了一种"危机状态"（Krisenzustand）。这个看似自相矛盾的概念——因为危机通常不是指一种状态，而是两种状态之间的过渡阶段——蕴藏着真正的预言：旷日持久的危机状况和连绵不绝的一系列革命。卢梭在这一系列事件发生之前就已经预言了这场永久危机。事实上，卢梭之后的一代人所生活的这段时期，着实得了"革命的世纪"（siècle des révolutions）这一名称。

毕安训从卢梭的《新爱洛伊丝》和《爱弥儿》中提取出的生活准则，正是以这种危机状态为背景而制定出来的。从某种程度上说，它预设了危机状态已经来临，抑或是即将来临。因为一旦危机来临，每个人都将命运未卜。卢梭写道，只有懂得如何做一个自然人，才能获得幸福。不可磨灭的，唯是自然烙在人类身上的印迹。正因为如此，人们才需要尽可能地保留，甚至挽回人的自然性。这里面就包含了一种认识："爵爷、富翁抑或是大人物，都并非自然状态下的产物。"那么这些权贵和人上人，一旦现有的社会秩序崩溃——它本来即是合着他们的意而建立起来的，他们会怎么样？一个只会为有头有脸的人服务的地方官吏，被撤了职会怎样呢？一个单知道靠金子过活的收税员，若是没了钱会怎么样呢？或者是个爱慕虚荣的傻子，习惯了将自己存在的所有意义维系于那些身外之物，失去了这些会怎么样呢？答案是："一个人要能够在自己的地位发生变化的时候毅然抛弃那种地位，不顾命运的摆布而立身做人，才说得上是幸福的。"同理，一个国王被废黜时，王位所赋予他的一切皆化为乌有。这时，他只有依靠自己、证明自己，才能够把握自己的命运。他可以跻身到"人"的行列中，这才是人类的终极王国。然而并不是每个人——更不消说是个国王，都懂得要跻身其中。

在《高老头》的开篇，巴尔扎克描绘了一幅文明进程的黯淡图景，对文明的诅咒丝毫不逊于卢梭。"文明的车子像毗湿奴偶像的神车一样，被一颗较不易碾碎的心稍挡一下，立刻将之压碎，又继续滚滚向前。"满大人的寓言正指涉文明的灾难性力量。它比照了两条路和两种道德观：为追求显赫与权力，不惜作恶的权贵道德，以及崇尚朴实的私密小圈子中的道德观。毕安训遵循卢梭的文明批判论，做出了自己的选择，他是想要实现小圈子里朴实生活的理想。卢梭的名字在这里出现，并不因他是满大人寓言的作者，而因为他对这寓言中所提出的问题，给出了答案。

第三节　发生在遥远处的不幸

23　　在他的小说作品中，巴尔扎克曾有两次以变相的方式借用了这一满大人桥段。虽然两次均隐匿了卢梭的名字，也未直接指涉中国的满大人，但原型显然出自同一处。第一处是在巴尔扎克于1824年匿名出版的《阿奈特与罪人》一书中。此书后来出版时，被更名为《海盗阿尔戈》（*Argow le pirate*）。书中提到，有种眼神能够穿越遥远的距离，将人置于死地。在这里，谋杀同样是不声不响地进行；诱惑，也同样是安全地获得一笔巨大的财富，足以实现琳琅世界中的诸种愿望："若你仅通过一瞥，即能杀死身在澳大利亚的一名奄奄一息的男子，谁也不会察觉；若这桩准罪行——你心里大约是这么告诉自己的——能给你带来辉煌的财富，那么你不是早已住进了宫殿、坐进了豪华的马车吗？你会说：我的马匹、我的土地和我的放贷款子！你将毫不犹豫、一再地说：'我这样一位名士！'"与满大人桥段所讲的一样，宫邸、豪华马车、飞黄腾达的荣升之路皆是报酬，犒赏了一桩凶杀案。其中受害人面目模糊，远在天边且濒临死亡。而且，凶杀不需要流血即可实施。人们在眼下的快乐之诱惑与遥远处发生的不幸之间做权衡；在悲惨的生命与辉煌的人生之间做决断。即使与道德准则相左，杀意仍然占了上风。谋杀看上去不过成了一桩准罪行。

　　二十年之后，也就是1844年，在巴尔扎克发表的连载小说《莫黛斯特·米尼翁》中，诗人卡那利涉嫌滥用自己的声名来获取一位年轻的仰慕者——莫黛斯特·米尼翁小姐之芳

24

心。但卡那利是无辜的，因为实际上是他的秘书——一位遭到米尼翁小姐拒绝的倾慕者——在代笔与米尼翁小姐通信。在对此毫不知情的情况下，卡那利面对退役大兵杜梅代表的姑娘家人的抗议，给他们描绘了一幅残酷的画卷作为回答，揭示了社会的无情："此刻中国一个最有用的达官贵人正在屋里断气，整个中华帝国都悲痛万分。可是，这会使您很难过吗？别说在遥远处发生的那些不幸，就是在眼下这一刻发生的不幸，也不能打动身在巴黎的任何一个人。英国人在印度将成千上万与我们一样的人杀死，就在我跟您讲话的这一分钟里，他们将最迷人的妇女烧死。可是，您用午餐时因此少喝了一杯咖啡吗？"人们不光是对遥远的苦难无动于衷，甚至对他们身边的悲剧也不闻不问："就在此刻，在巴黎，数得出有许多母亲躺在草垫上生孩子，连裹孩子的褓褓也没有！"目睹这样的窘境，也没人会去帮忙，因为在巴黎，人们即刻便忘了他们看到的一切。

卡那利的诗所引发的震惊胜过真实的苦难。但他可不会被自己写的诗所唤起的感受所蒙蔽："我这里，价值五个路易的杯子里，盛着可口的香茶，我吟着诗句，好让巴黎女人们说：'真美！真美！神奇！妙极！简直说到人心坎里去了！'"

卡那利承认，如果要亲自感受自己诗中咏叹的贫穷或欢乐，他早就精疲力尽了。人是封闭在自我感受之中的生物，每个人都生活在各自孤立的世界中。这便是个人主义横行的代价。强者制定规则，毫无顾忌与怜悯。如果人们的生活世界之间没有交集，如果每个个体都囚禁于自己的领域内，那么道德上的义务会变成什么呢？在《于絮尔·弥罗埃》中，巴尔扎克给出了这样的答复：道德本身是不变的，而义务在不同的领域内各异。

25

卡那利如此告诫杜梅，一个曾为国服役十五年的大兵："您所在的这个城市里，有人正在咽气，有人正在结婚，有人正在热恋中狂喜晕厥，有的年轻姑娘正在发疯，天才的青年连同他整车皮的造福人类的好点子一起覆灭！这些人互为邻里，时常住在同一幢房屋里，可是谁也不理谁！"自私与利益支配着人们的生活，那些像高老头一样为他者付出一切的人，已用他们所承受的不幸来验证了这一铁则。这些人的命运无非是一则训诫，劝告人们仅为自己着想。谁若是想要出人头地，在涉世之初就得放弃那些慷慨大方的感受。这，就是拉斯蒂涅的问题。

第四节　利己主义的荒漠

创作于 1831 年至 1833 年，由菲拉莱特·夏斯勒（Philarethe Chasles）署名的《哲理小说故事集》的导言，通常认为是得到了巴尔扎克本人授意所写的。[①] 这篇导言论及了"叙述"在一切以分析为基础的社会中之处境："世界越是年头长，叙述就越成了一件难事。"因为，当分析思维（analysierendes Denken）对社会做出解释时，它不仅摧毁了思考的对象，同时也扼杀了思想本身的乐趣。这一绝妙的事物，还指望它变成什么呢？面对这样的人——他们会说，他们要是见过拿破仑，要能在克里姆林宫里燃篝火、在阿兰布拉宫里过夜就好了——你要给他们写什么故事呢？导言的作者写道，巴尔扎克在文学上的创举，在于他利用从这个正在崩坏的、被分

26

---

① 夏斯勒的这篇导言发表在 1831 年 9 月戈斯兰书屋出版的《哲理小说故事集》卷首。

析精神（analytischer Geist）所侵蚀的社会中所萃取出的元素，来描绘这个社会："巴尔扎克先生是一位故事家，一个叫人开心的人。他以自己所处的时代中隐秘的罪恶欲望、萎靡不振与忧愁烦闷为故事的基本内容，他又是一位哲学家与思想家，致力于描绘思想引起的混乱。"巴尔扎克立足于眼下这个被分析思维逐步解体的社会，利用这解体的过程中产生的衰变产品为素材来创作。这种写实的小说叙事技巧也十分具有娱乐性，反思与娱情常是相辅相成的。巴尔扎克在分析中，追溯了无数次命运与境遇的变迁，他所满足的，不是单纯的猎奇心，还包括思辨型的娱情追求。

导言的作者为此引据了18世纪"物质至上的讽刺"。他认为，用来自其本身的武器来打击这个时代，是一种属于未来的嘲讽："他以当前这一时代之道还制其身，使用的是极度的虚构、狠毒的讽刺、热烈且明暗对比强烈的色彩——这些手法若险遭滥用，则是艺术的毁灭。"巴尔扎克的小说作品要从每一个细部表现出社会阶层的分化，其色彩不仅得丰富多变，而且还必须同时具有剖析性。在画面中，无一细节不指涉一处现实社会的症结，指涉"利己主义的荒漠"。正是这一症结，在巴尔扎克的小说作品中贯穿始终。文中隐秘的英雄，是那些贱民，是浮浪者，是"那些社会从自己的大学和中学中驱逐出去的人。他们始终忠于自己的信仰，以其纯洁的道德保持着强有力的信仰。正是这种信仰，拯救了他们，当那些扬扬得意于自己高超本领的人上人，眼看着自己的苦痛与傲气一起增长、苦恼与学识一同蔓延"。在这里，巴尔扎克的《人间喜剧》与但丁的《神曲》不谋而合，它指引了一条救赎之路，然而却是在地狱的万劫之中。

在巴尔扎克所展现的社会中，最根本的弊病是利己主义，强者制定游戏规则，他们毫无忌惮与怜悯之心。自恋和对利益的关心支配着人们的生活。什么样的社会，塑造什么样的人。所向披靡的利己主义，是逐步堕入野蛮的文明社会最核心的症候："利己主义无处不在，自然的利己主义，抑或是感官刺激和玲珑巧妙的文明所塑造的凶残人物。"卢梭已经诫过，困苦将随着文明的进程而生长，利己主义会在思考的催化作用下步入野蛮。在巴尔扎克看来，卢梭要求将入世与遁世区分开来，被证明是为了保全内心诚信的唯一出路。那些局外人——巴尔扎克的隐秘英雄们——体现了这理想在入世时表现出的一种病态形式，所以他们必定在现世受挫。

在由某一位腓力克思·达文（Felix Davin）署名、写于1834年的《哲学研究》导言中，巴尔扎克援用了卢梭"第二论文"，即《论人类不平等的起源和基础》中的一个句子："沉思的人乃一种变了质的动物。（L'homme qui pense est un animal dépravé.）"在夏斯勒的导言中，他也引用了这句话，且同样是作为卢梭的格言。夏斯勒试图用这句名言来解释，分析的思维为何不光使它的对象（也就是社会）解体，而且扼杀了思考的乐趣。一个颇具悲剧色彩的结论是这样的：当人类越发进化，他们便开始渴求自杀。巴尔扎克认为自己是这场濒死挣扎的观察者与记录者，他扮演影子写手的角色，来对自身作品进行评注，阐明他作为小说家所站的立场。沉思将社会的濒死挣扎推向高潮，个体在其中亦扮演着灾难与悲剧性的角色。在巴尔扎克看来，卢梭对思考的悲叹似是启蒙运动的终曲。

同样，满大人的桥段——巴尔扎克认为是卢梭所作——也是卢梭公理的一次应用实例。因为它揭示了，当遥远处的不幸可换取眼下的自身利益时，人们或许能够克服人性中深藏的、对谋杀的抗拒。一个眼神，或者一桩意念的遥控作用，可被理解为是科技进步的象征，科技有朝一日终会达到同样的遥控作用。满大人桥段还有一个周知的版本，即通过按一个按钮就能杀死远在天涯的人。杀人现场离自己越是遥远，人们道德上的忌惮就越稀薄。人们在自我反思的过程中逸脱了道德。所以说，遥控作用能够容易被人们的理性所接受，但遥控作用与怜悯心之间充满了矛盾。因为怜悯心这种情绪的有效距离比较短，一旦意志得以与道德感情脱节，即使在近距离范围内，道德感情也有变得稀薄。正如诗人卡那利在《莫黛斯特·米尼翁》中所言，在巴黎这样的城市，哪怕是身边发生的不幸也没法唤起悲悯。沉思已经侵入了感情范畴中最基础的层面——这是人是一种"变了质的动物"之明证。

第五节　意念杀人

在成为小说家之前，巴尔扎克就已经是哲学家了。在尚未满二十岁时，巴尔扎克曾在1818年至1820年编写了一册哲学笔记，其中摘录了许多古典哲学的段落，并对其进行了评注。他感到自己被18世纪的唯物主义哲学，还有斯宾诺莎强烈吸引。在他的小说中，巴尔扎克进一步拓展了其青少年时期的哲学研究，不懈地去探寻隐藏在一切事件背后的原理，以及推动社会生活的原初动力。于是，在他的小说中，虚荣与野心就像自然界中的万有引力一样，无处不在。自早期的哲学研究以来，"生命能量"（vitale Energie）这一概念一直萦绕在巴尔扎克的思考之中。他预设，这种超自然的生命精气在每个人身上的分布并非均匀，且能够从一个生命体转移到另一个。在巴尔扎克的早期作品《百岁老人或两个白令海尔德》①（1822）中，主人公通过从被害人身上汲取液体的生命能量，周期性地返老还童。这种生命能源会耗尽枯竭，人们可以节约使用。比如葛布塞，他通过抑制自己的激情、保持低声说话和寡言少语来放缓生命运动的节奏；又比如《萨拉辛》中的阉人赞比内拉②，活过了一百岁。除了声色纵欲之外，强大的意志力也会造成生命能量的挥霍。所以在《驴皮记》中，瓦朗坦得到的那张驴皮，既是力量同时也是无力的具象体现。巴尔扎克认为，他的小说作品是对"动力之源"的追溯，是对"无所不在的能量的唯一、原初的所在"之追问，是对意志作为物质力的追求，也是对"万物共有的本质"之探索。

30　依照这种生命能量的哲学，每个人在出生时就拥有一定份额的能量，他可以节约使用，也可以挥霍着来。与叔本华的"忧虑成分"③（Sorgestoff）殊途同归，巴尔扎克笔下源自万物共通本质的"生命物质"（Lebensstoff）也象征着一种配给到每个人头上的生命精气。除了人们生龙活虎的行为，暴力和毁灭性的想法也可能将其耗尽。这类想法，巴尔扎克在《无名殉道者》④（Les Martyrs ignores）中写道，"是人类的瘟神"，是激情、恶习与所有极端行为之本源。痛苦与欢愉都被看作是"思想的湍溪"。在此处，巴尔扎克也引据了卢梭的公理：沉

---

① 原题为 Le Centenaire ou les Deux Beringheld，此处译文参照：［法］安德烈·莫洛亚著，艾珉、俞芷倩译《巴尔扎克传——普罗米修斯或巴尔扎克的一生》，北京：人民文学出版社，1993 年，107 页。
② 原文为"阉人萨拉辛"，疑为原著者之误。
③ 译文参照：［德］叔本华著，石冲白译，杨一之校《作为意志和表象的世界》，北京：商务印书馆，1982 年，435 页。
④ 译文参照：《巴尔扎克传》，110 页。

思的人，乃一种变了质的动物。当下的现实四处显现出沉思之戕害所留下的伤痕。巴尔扎克将惨淡的结局——即文明的堕落与消亡——置于脑中，描绘着他在同时代的社会里发现的诸离奇现象。它们皆是指向终结的暗号。

在《人间喜剧》中反复出现的一个主题，就是可以杀人的念想——la pensée, qui tue。在《乡村医生》中，贝纳西解释道，杀人的不是手枪，而是思想；塞查·皮罗托死于"正直"这一想法，正如死于一发枪击；在《驴皮记》中，生命的萎缩与思想的增长直接成反比关系；路易·朗贝尔也是死于他自己的沉思冥想——在神秘主义者路易·朗贝尔的故事中，思想是生命能源的一部分，朗贝尔从生命能源中获取能量，并且奢侈地挥霍。

意志与思想本为一体。正如思想的力量可使生命衰竭，一个念头即可终结生命，那么单是意志也能够杀人。当意识全部集中于一处，那么它所起到的作用与占优势的体力如出一辙："当几个暴力的念头集中于特定的一点，它们便能像一记重拳，杀死某个人。"但这类力量的有效范围能有多大呢？在巴尔扎克的世界里，某人被一个念头所杀死这种桥段屡见不鲜，因为意念是能够杀人的。可意念能跨越遥远的距离杀人吗？

巴尔扎克经常去探访一些梦游者。他对梦游者产生兴趣，正是因为他们拥有飞渡空间的能力。他在一封信中写道："多么惊人和恐怖的能力！若是能知道，身体在飞渡空间时，灵魂里发生了什么！若能知道，它究竟在做什么！"巴尔扎克潜心钻研了催眠术和梦游者的能力，研究他们如何能看到甚至干预远处发生的事。他在小说《于絮尔·弥罗埃》中，讲了一个短故事，关于"催眠术的真实、梦游的奇迹，关于预言和狂

31

喜"。文中描述了当时的报纸大肆报道的一个实验，测试梦游者的远视能力。巴尔扎克认为这种现象已经得到了科学验证。在他看来，洛克、孔狄亚克和狄德罗的哲学，为催眠术获得认可开辟了道路："在唯物主义者心目中，世界是实质的，一切都有关联，一切都可被解释。"他引用了狄德罗的格言——把世界看作是偶然的产物，而不是上帝的造物，倒更容易解释它："无数的原因和偶然产生的无穷的变化，就能说明天地万物的现象。"随着时间的推移，催眠术和梦游这些现象迟早会得到科学的解释。

这现象本身倒不存在什么疑问。在《于絮尔·弥罗埃》中，两位旧友相聚。其中一位对梦游者的能力确信不疑，而另一位，弥罗埃医生，则是催眠术的反对者。两人一同目睹了一场催眠实验，通过媒介①观察医生远在内穆尔的女儿，梦游者讲出了他女儿一举一动的每一个细节，并且知晓那些只有父女之间才知道的事儿。最终，弥罗埃医生相信了，对于梦游者来说，没有什么距离是不可穿越的。"离开这儿几十里也罢，远至中国也罢，她都能把那边发生的事告诉你。"在此处，中国又一次象征了目光和意志所能够穿越的最大距离。对于巴尔扎克来说，满大人的实验，显然不是以幻想的前提为基础的——其成功与否，取决于意志力与念头的强弱。如此，巴尔扎克用他小说中暗含的哲学，阐释了满大人实验的技术性前提。

第六节　放之四海皆准的良知

巴尔扎克误导他的读者，将卢梭说成是满大人桥段的作

---

① 梦游者。

者，这可激起了语文学家们想要找出此桥段真实作者的野心。真实作者也有可能是巴尔扎克本人，因为他的哲学中蕴含了所有让这桩思想实验看上去可信的前提条件。而且人们也的确从他的小说中发现了两种不同的式样：一是澳大利亚男子的故事；二是诗人卡那利的台词，他谴责大城市居民对不论是天边的还是眼前的贫穷与苦难都漠不关心。这两个桥段所讲的，不光是谋杀欲，也涉及道德感；不光是行动上的肆无忌惮，同时也包括人们在相互交往中的野蛮与残忍。

相比巴尔扎克的任何一个式样都更接近满大人桥段的，却是夏多布里昂（François – René de Chateaubriand，1768—1848）的一篇文章。这位法国浪漫主义文学的奠基人，在他1802年刊出的对中世纪基督教的礼赞《基督教的真谛》中，提出了一个问题，与巴尔扎克借卢梭之名所提出的问题如出一辙："如果通过意愿，就能将一名远在中国的男子杀死，从而继承他在欧洲的大笔资产，而且这一切都在神不知鬼不觉中进行，你会顺从于这意愿吗？"此处，受害人也是远在中国，虽不是体面的满大人；同样，也是获取大笔财富的渴望激起了杀人的动机；而且在这里，一系列行为也是在不被察觉、不受惩罚的情形下进行。就连利用劝诱作案时，论据的诡辩法，也与拉斯蒂涅和毕安训的思考十分一致："就算我再怎样强调自己的贫困，就算我要通过假想来缓和谋杀行径——比如想象这中国男子在我的意念下安乐猝死，再或者想象他没有子嗣，财产在死后横竖也会被国家没收；就算我想象这个陌生人正在被病痛折磨，死亡对他来说甚至是件幸事，想象他正奄奄一息，渴求着死亡……去他的借口吧，我听到心底传来的声音，激烈地抵抗着指向这种建议的念头。这让我片刻也不能怀疑良知存在

33

的真实性。"

夏多布里昂在他的作品中满怀乡愁，追溯着基督教的诗意，从而让自己能够轻易地无视 18 世纪的哲学所引发的质疑。他解释道，启蒙运动和大革命长久以来强制推行的去宗教化运动，引发了人们的信仰饥渴和对宗教慰藉的追求。他企图逆流穿越文艺复兴以来的诸时代，来平复这渴求。如此一来，良知在他这里，又恢复了在基督教中世纪时的含义：良知洞彻我们做了什么，未做什么；良知判别何事该做，何事不该做，裁决事情做得好还是做得糟。通过免于惩罚的谋杀这一思想实验，朴素的真理显得更有说服力了。

34   对于夏多布里昂来说，远在中国的满大人之死的寓言是个受欢迎的烦恼，良知的力量抗住了它的考验。这证明了，良知可轻易应对挑战。两种思考方式——启蒙与基督教世界在这里相遇。常被启蒙思想嗤之以鼻的基督教被证实更高一筹，因为良知通过它遭遇的蛊惑反而变得更强了。不论是对夏多布里昂还是对启蒙哲学家们来说，良知既不是想象力制造出的幻象，也并非源于对惩罚的恐惧；并且，无论是免罪的保证，还是谋杀欲的力量都不能动摇它丝毫。夏多布里昂的信仰是一种复辟的信仰，它将中世纪的信仰在文学上加以创新，从而把现代哲学甩到了身后。与其说这是中世纪的信仰，不如说是对中世纪的信仰更贴切。夏多布里昂利用反宗教思想的挑衅，有力地捍卫了他要拯救的思想遗产。

正是在这不知不觉中，良知经历了现代化变革。因为它不再会被距离所迷惑。在夏多布里昂版本的满大人桥段中，良知——就像夏氏本人一样，在新世界里照样运行自如。对良知来说，时间和空间的障碍皆不存在，它对天边的事件之反应与对身边的事件并无二致。它的判断，在任何地方、任何情况下都以同样的方式进行。夏多布里昂要战胜现代哲学中对道德的怀疑，他讲述一个发生在遥远中国的谋杀故事，正是要去除这故事本身的诱惑力。同时，夏多布里昂曾经游历北美的丰富经验也颇有裨益。跟到访过美洲大陆的作者本人一样，他要使其复权的良心，也是世故的。夏多布里昂召唤着基督教中世纪的世界，一如去往遥远大陆的远征。

巴尔扎克不怎么喜欢夏多布里昂和他的《基督教的真谛》，但他肯定知晓此书中出现的满大人桥段。巴尔扎克没提夏多布里昂，却将卢梭说成是作者。通过这种手段，他将这个故事如是返还给 18 世纪百科全书派哲学家，他们本是夏多布里昂笔伐的对象。夏氏选择将满大人难题作为基督教良知的典型挑战写入书中时，必然也考虑到了他们。巴尔扎克则是将满大人难题重新置于这种偶然事件与怀疑占有重要地位的思想语境。

35

第七节　大与小，远和近

在这个思想语境中，卡洛·金兹堡（Carlo Ginzburg，生于1939 年）发现了巴黎哲人们的一系列关于"距离的道德内涵"（die moralische Implikation der Distanz）的思想实验——金兹堡在此借用了狄德罗的修辞。狄德罗，这个以冒险的思想实验见长的专家，设想道德的承担量会随着距离以及对象的大小而发生变化。狄德罗于 1771 年出版的《父子对话录》，正如其副标题所示，讲的就是"凌驾于法律之上的危险"，以及普遍的道德准则与特殊的法律条令之间不可避免的冲突。文中的父亲与他的孩子们就此问题争论了一番之后，一名制帽匠加入了他们的谈话。这名制帽匠的确触犯了法律，可在他自己甚至他的听众看来，他却是无辜的。此时，这场关于道德原则和白纸黑字的法律之间关系的对话，发生了新的转折：当某人触犯法律时，他是否可去往另外的地方，以逃避法律的制裁呢？良心的谴责是否也会追随他去到那里呢？狄德罗让这场激烈的争论以一个激进的结论告终："我们一致同意，时间与空间的距离会使一切直觉和一切形式的良知变得迟钝，即使杀了人也不例外。"

在后来附加的部分中，狄德罗给出一个道德感随着空间距离而消失的例子，其中称中国是个足够远的国家，以至于凶手能忘掉他在巴黎犯下的命案："这个抵达了中国的凶手，这距离已远到了使他根本看不见自己在塞纳河边抛下的鲜血横流的尸体。"或许——狄德罗这样推断道——良知更多是源于凶手对惩罚与谴责的恐惧，而非他面对罪行本身时，所感到的毛骨悚然。当凶手从恐惧中解脱出来，他的良知也将随之销声匿迹。因此对凶手来说，没有什么比罪行败露更值得害怕。他永远不能确定，梦呓中不经意滑出的只言片语，是否会暴露他的罪行。在这段题外话之后，狄德罗笔下的父亲再次出场发言，告诫他们要坚守惯行的道德："我的孩子们，恶人的日日夜夜充满了不安。安宁，单为那正直者所创造。只有他宁静地活着，宁静地死去。"

距离远了，道德法则就会失去其约束力。这种预想建立在一个假设之上，即关于罪行的鲜活的记忆，是唤醒良知的首要因素。当凶手离作案现场足够远，他的道德情感就不能被激活。如果凶手逃逸，跑到离案发地点足够远的地方，他连悔恨之情都感觉不到了。良知不可能四处追随着他，良知在时间和

空间之中发生变化。狄德罗由此断定，良知并非源自人的内
在，而是来自行凶的场景、作案的实况，尤其是来自对被捕的
恐惧。正如卡洛·金兹堡所见，狄德罗处理普遍的道德准则，
像是对待地方习俗——在一个地方禁止的，在另外的地方却行
得通。

　　把通常的道德概念，从近处置换到远处，或许是条出路。
斯多葛派早就建议，在面对身近的邻人或友人所遭遇的不幸
时，我们的反应，应该一如面对遥远处的陌生人承受的苦难，
以漠然与冷淡相对，而不是热心与同情。他们相信，只有这
样，才能达到情感的平衡，与他们所追求的沉着坚定。狄德罗
要知道的是，在这种"近道德"置换为"远道德"的过程中，
传统的道德还能剩下点什么。他用来检验道德之普世性的思想
实验，归根结底，揭示了道德所立足的根基是多么不牢靠。当
道德的有效范围被过度延展，即使在近距离内，它的有效性也
会缩水，这对道德的约束力来说是致命的。道德的扩展实验，
削弱了道德本身的责任含量——如果不是把它完全磨灭了的
话。这就从道德透视学，变成了非道德主义。狄德罗的实验显
示，传统的道德显然无法应付活动空间的拓展所带来的挑战，
他所谓的"距离的道德内涵"被证明对任何道德都是毁灭
性的。

　　在《父子对话录》付梓之前二十年，狄德罗在其1749年
的作品《论盲人书简》中想要证明，这个盲人根本无法区别
一个在他身边不吱声就被杀了的人，和一个在旁边撒尿的人。
如果美德是如此依赖于感知力，那么在某些特定的情况下，冷
静地杀人应该不难。在狄德罗的思想实验中，通过对感知力稍
做修饰，就颠覆了人们习以为常的道德感。这证明了道德是依

存于感官知觉的。那个未能察觉凶杀的盲人，是他自身之五感的囚人。狄德罗无情而精准地指出，由于受感知能力的限制，这个盲人的人性是残缺的。因为，通常会让人联想到疼痛和同情的所有符号中，他只对悲鸣有反应。

若是道德情感同感官知觉一样，都是依着一种物理法则而运转——如狄德罗认为的那样，而且会因距离的增长而变弱，那么在很远的地方发生的命案，就不能被称作是命案。若那受害者不在身边，而在天边，若他体格不大，而是很小，再或者，就像盲人的例子里所说的那样，若受害人没法被感官正确地探知，那么道德的标准发生的变化之大，以至于连道德准则都要失去它的约束力。当人们想象，有一个跟燕子差不多大小的小人儿，那么要杀掉他时的心理障碍会按几何比例减少。同情与负罪感会被稀释、冲淡，以至于行为与道德反应相脱节。五感的界限，就是道德的界限。狄德罗推想，如果有一种生物，感官比人类还丰富的话，那么对他来说，人类的道德一定贫乏得可怜。修改感官条件对道德产生的影响，与距离对道德产生的影响类似："当对象离我们太远，抑或是对象太小时，难道我们自己不是也放弃了同情心吗？距离上的遥远，和体格上的微小，在我们身上所产生的影响，不是与丧失视力对盲人的影响一样吗？我们的美德，是如此依赖于我们的感知方式，以及外在事物对我们产生冲击的规模。所以，我绝不怀疑，很多人会杀掉一个距自己很远，远到了看上去只有燕子那么点大的人，比亲手割断一头公牛的脖子都来得轻松。当我们同情一匹受煎熬的马，却毫不在乎地践踏一只蚂蚁时，难道我们不是受同一个原则所指引吗？"

从这里出发——金兹堡指出，我们离萨德（Donatien

Alphonse François de Sade，1740—1814）对谋杀的辩护就不远了。因为萨德哲学本是建立在狄德罗提出的问题之上——我们是否应当使我们的同情延伸至动物，甚至最小的、像蚂蚁那样的动物呢？如果说同情取决于对象的远近、对象的大小，那么人们就需要拉平其间的差距，一般无二地对待最远、最小的对象和对待身边的人。如此，我们方能得到与萨德同样的结论："站在自然界的立场来看，谋杀不是犯罪。因为在人类、动物、植物这些由自然界平等地创造出的生灵之间，本不存在差别。"所以从"自然界的角度"看去，杀掉动物的罪过，与杀人一样。正是人类不讲道理的狂妄，发明了这种差别，所以屠戮与谋杀从来都不可能是犯罪。将一切看作是自然过程的话，那么杀戮所带来的，只是一种形式上的改变，这不是毁灭，而是以另一种存在方式的再生。于是，杀戮也可看作是可嘉之举，成全了自然之造化。"残暴，远非恶行，而是一种美德"——萨德在《闺房哲学》中如是说。人们须将它从人类被文明扭曲的行为方式中剥离析出。萨德在入狱时带了若干卢梭的著述，他是逆着原意阅读卢梭的。萨德的"自然人"有多残忍，卢梭的"自然人"就有多善良："残暴，是属于那些尚未被文明腐坏的人们之力量。"萨德，这位坚信怜悯之情应涵盖所有生物的哲人，认为人类亏欠了自然的，不是一死，而是杀生。

第八节　残暴的思考者

40

　　萨德把他所宣扬的残暴，辩解成为是一种对文明的反抗行为，是未经污染的自然之表达。这种想法本身并不新鲜，新鲜的是这想法在萨德作品中的呈现方式。无节制的暴力无非是霍布斯笔下的自然状态，是文明过程中一再出现的、万人对万人的战争。而萨德认为，自然状态掩蔽在文明社会之下，掩蔽在人与人之间的力比多（libidinös）关系之下。因此在漫长的文明史过程中，所有为了防止人类堕入自然状态所设置的一切机关、体制都必须被废除。

在 1755 年出版的《百科全书》第五卷里，狄德罗匿名撰写了《自然权利》一文。在其中，他重拾文明进程之问题，拷问了旨在防止人类堕入上古之荒蛮的天赋人权学说。据说狄德罗撰写此文时，《百科全书》已在印刷中，所以写作过程甚是仓促。短小的篇章中包含着许多旁枝错节的议论，使得此文像是一出多声部的袖珍剧。在文中，狄德罗还让一个巨人出场，这个巨人因为自我保护的本能才获得了超凡的体格。这与霍布斯笔下，以庞大的身躯与威力而震慑四方的利维坦如出一辙。人们或许还会联想到戈雅（Francisco Goya，1746—1828）的《巨人》，站在小山丘上俯视众生，犹豫着是要将人类世界毁灭，还是放过它。

41　　狄德罗所描绘的，是一个求生的渴望遭遇障碍的自然人，他的求生欲跟别人的求生欲发生冲突——他们也跟他一样，拼命挣扎着要活下来。威胁让这邪恶的巨人心中的求生欲变得无比可怕，他将自己置于所有人之上，为了能够保全他自己而威胁他人的存在。在不为人知、不受惩罚的前提下，巨人甚至不惜毁灭一部分人类，在极端情形下甚至是毁灭全人类。这正是自保的心理所招致的后果。在自然状态中，人们抱有自保心理是再合理不过了。狄德罗在此文中，灵动地刻画出了人们业已克服的、曾在自然状态中的人与人的关系，同时，他笔下的可怖形象也特别暗指了当时的统治者们。根据当时通行的法律观念，他们彼此之间正是处于这样一种自然状态，而他们本身就是原始暴力最后的代理人。

狄德罗将他笔下不惮于任何暴力的自然人称为"残暴的思考者"（raisonneur violent），因为他总是不停抱怨自己的生存条件，而且在寻找一条残忍的出路。在这里，狄德罗也安排了一个实验：狄德罗试图通过理性的论据，将这残暴的思考者引向沉思。他须认识到，他人也同时拥有把他干掉的权利，所以，他还是放弃与人为敌的意图为妙。他须认识到自己无法无天的自我实现欲是多么错误。但狄德罗笔下自私的巨人不得不受制于自己对生之渴求，虽然这求生欲早已成为了一种折磨。狄德罗自私自利的巨人甚至引起了读者的一丝同情，因为他跟其他人一样，都是自己糟糕的热情之牺牲品。

狄德罗让残暴的思考者自己开口发言，来呈现他所处的两难困境——要么为害他人，要么牺牲自己。当这个忧伤的巨人得知，他将要给这世界带来灾难时，他说道："我知道自己把恐惧和混乱带给了人群，但是，要么是我不幸，要么是别人不幸，除此之外别无出路。谁也不应为了这种可厌的嗜好而指责我，我是不由自主的。"① 狄德罗将自我保全之心的残暴性，以无与伦比的力度刻画出来：人们受之摆布，就像是外力操纵的人偶。在绝望中，残暴的思想者转向旁人——这些人即将成为他的受害者——去寻求后者的理解，"人们啊！我要问你们：你们中间有哪一个在生死关头，如果有把握不受惩罚，又不被人知道，却不想以牺牲大半人类为代价，来赚回自己的性

42

---

① 译文参照：《自然权利》，载梁从诚译《狄德罗的〈百科全书〉》，广州：花城出版社，2007 年，311 页。

命呢？但是他会接着说：我是公正而真诚的；如果为了我的幸福，要求我毁掉所有那些妨碍我的人的生命的话，那么，别的个人，不论是谁，也应当能够毁掉我的生命，如果他也受到同样的妨碍；这种推论是理性所要求的，也是我所同意的；我并没有不公正到坚持要别人为我做出牺牲，而我却不愿为他牺牲"。①

在狄德罗导演的这一幕中，他的确成功地让这个不惮于犯下恐怖罪行的角色，通过思考找到了自身行为的理由。他的想法很简单：所有的人也都会这么对付他。狄德罗企图让人类清楚地认识到这一通关于自私的思考。因为狄德罗认为，没有任何一种感情能与自保的欲望相抗衡；没有什么良知来警戒，也没有自然的声音去敦促人们去成全他者的利益。所谓自然的本真之音，在卢梭理解的自然状态中，本来是对自保之心抱有强烈的批判色彩，但在狄德罗的理解中，这种声音传达的不过是人类的自私欲求。"是自然之音，"狄德罗让残暴的思考者呼叫着，"在对我有好处的时候，从我的体内发出最强力的声音。"对于狄德罗来说，只有沉思，只有反省，才能在残暴的思考者所面临的两难困境中开辟出路。巨人最终屈服于理智，放弃对人类实施打击。叔本华似乎熟悉狄德罗写的"天赋人权"之词条，但他对狄氏所提出的解决方案表示强烈反对。在叔本华 1840 年发表的、关于道德之基础的应征论文②中，

---

① 译文参照：《自然权利》。

② 1837 年，哥本哈根丹麦皇家科学院提出一个有奖征文题目："道德的来源和基础可否在直接蕴含于意识（或良心）之中的德行的理念中和在对其他由此生发的道德基本概念的分析中探得，抑或可否在另一个认识根据中探得？"叔本华应征写作了《道德的基础》。

他写道："利己之心无比巨大，它大过整个世界。若去询问任何一个人，要他在毁灭自己与毁灭除了自己外的全世界之间做选择，那不消说绝大多数的人会如何选择。"

狄德罗笔下关于利己主义的原风景有可能是人们久久追寻、未得其果的巴尔扎克满大人桥段之原型。在这两个场景中，罪行的隐蔽，以及罪责不被追究这两点都得到了满足。在狄德罗对自然人的叙述中，权威与良知尚未形成，在巴尔扎克作品中，这些本质性概念都得到了处理。从某种方式讲，狄德罗的版本比巴尔扎克版本在心理学上更站得住脚，因为狄德罗的巨人是为了保全和延长自己受到威胁的生命，而拉斯蒂涅只想着飞黄腾达，他为实现自己的野心甚至不惜行凶杀人。狄德罗在这里所采用的心理学，与霍布斯的一致。后者认为，人类对死亡的恐惧是一切社会秩序成立的根源。残暴的思考者这一角色，因其要毁灭部分人类的坚定之心，获得了可怖的外表。其实这一升华依然是具有说服力的，只要人们想想当时统治者之间的诸战争——这正是狄德罗通过怪物般的巨人想要暴露的。以他的"残暴的思考者"为榜样，统治者们需要学会让步，让自己的行为更加符合人道。

第九节　人性的纽带

如果沿着从狄德罗到萨德的谱系来思考，那人们恐怕就不敢给那位满大人的性命打保票了。人性不可能无限延展，把远在天边的陌生人都囊括进去。人性，与其他的情感一样，在经历拓展与延伸的同时，也会逐渐淡去、褪色。1755 年 11 月付梓的《百科全书》第五卷，收录了卢梭为这部全书撰写的唯一的哲学词条"政治经济"。其中，卢梭也使用了这一论据：

"人性这情感，若要将它延展至全世界，它大抵会蒸发、变弱。我们不知道，发生在鞑靼人或日本人身上的不幸，是否与某一欧洲民族的遭遇一样，令我们感同身受呢？"卢梭将这一论据运用于一种被人们一直认为是具有延展性的情感上，这就是人性，或者说是对全体人类的善心。原本，关于延伸和扩展的思想实验不能作用于这类情感，卢梭反其道而行之，正是要挑起争端。因为这暗示着人性分文不值；当它的对象渐行渐远，它将自我解体、蒸发消亡。正是因为人性照耀着世上五湖四海的人们，声称这情感在射程和范围上的局限性就显得格外耸人听闻。如果人性正如卢梭所言，会在一定条件下蒸发，那么这种情感内部一定存在不一致甚至矛盾，存在构造上的弱点。即便是如此，卢梭也没有完全放弃介入他者的命运。他认为，另一个欧洲民族的遭遇，一定会激起人们的连带感，因为人们对欧洲同胞心怀同情，他们比鞑靼人或日本人来得更亲近。

45

　　相反，在百科全书派思想家的圈子里，人们对人性的射程抱有较乐观的态度。《百科全书》的词条"人道主义"（Humanité）中对这个词进行如下定义："一种对一切人的仁慈的情感，由于为别人的痛苦而担忧并急于去解救他们，才会引起这种崇高的热情。"① 这是一种狂热的情感，一种近乎超人类的激情，无论什么地方发生的不幸都会激活它，却不会直接促发任何实质上的援助行为。此种类型的情感通常让我们很快辨认出那些与人类处于某种特定关系的哲学家。不过，这里指涉的"人类"是否仅是哲学家们供奉在脑海中的虚构人类呢？为了打

---

　　① 译文参照：《人道主义》，载《狄德罗的〈百科全书〉》，257页。

消这一嫌疑，百科全书派的学人倾向于使用非常明确的意象来解释，究竟这里的"人性"指的是什么。霍尔巴赫（Baron d'Holbach，1723—1789）这样解释道："所谓的人性，是一条纽带，一头连着巴黎的市民，另一头连着北京的市民。"同为人类的归属感将五湖四海的人们紧紧地联结在一起，结的这一端与那一端存在着直接的、解不开的联系，这就是人性之结。如果人与人之间的关系当真是这样坚实有力，那人们大可不必为北京满大人的命运担忧。因为在他身上发生的一切，会使世界另一端的人们也感同身受。

阿诺德·盖伦（Arnold Gehlen，1904—1976）将巴黎哲人们的上述看法称作"家庭道德的扩展版"，因为巴黎哲人把个人对近邻的道德观套用在个人对整个人类的关系上。在他们的理想图景中，巴黎的居民和北京的居民就像是门对门的邻居。不同于卢梭的主张，即人类的情感被拉伸时必将挥发、黯淡。巴黎哲人们相信，人性的情感正是通过延展至整个世界才会变得更坚固，更强有力，直到人性之结坚韧到解不开。当人们最终克服了等级制度，克服个别民族、国家的特定道德观之障碍后，整个世界将笼罩在和睦温暖的邻人之爱中。对于霍尔巴赫和他的同道者来说，人性不会被任何情感递减法则所击败。 46

巴尔扎克同意卢梭的观点，认为对象的延伸必然导致情感的递减。于是他对自己笔下满大人的命运颇感不安。满大人性命不保，不光是因为他所处的案发现场与巴黎相距甚远，更重要的原因是，文明导致友爱、同情的急剧萎缩。现代人连自家门口发生的命案都不闻不问。在巴黎，人们对隔壁邻居的苦难一无所知。在这种情况下，人性道德派不上什么用场。

在与百科全书派学人保持着定期交流的日子里，卢梭就不怎么认同他们对当时的人性道德所抱有的信仰。不过卢梭也没有因笃信人性的软弱而对此大书特书。

卢梭认为，在人性道德的实践面上做文章是条歪路子。道德哲学充其量能通过给定一个看得见、摸得着的对象来加深怜悯之心、友爱之情，而无法去扩展和延伸这种情感："关怀与同情得限制在适当的范围内，才容易奏效。"一种覆盖整个人类的普世同情太模糊，无法诉诸表达。同情之心必须局限于那些能从同情中获益的人。也就是说，同情之心只能覆盖那些每天跟我们生活在一起的人："当人性之情单单聚焦于同胞时，会获得新的力量。因为他们习惯了抬头不见低头见，因为共同的利害将他们聚合在一起。"卢梭所言的人性之情，只可能出现在那些单纯的小社会中，在这里，人性之情转变成了爱国主义这一政治美德。

第十节　"人"在人之中

爱国主义是人类情感的超级电容器。每当人类情感面临枯竭、失效的危机，爱国主义总能给它充上电。卢梭应波兰贵族之邀，为波兰起草了一份宪法草案《关于波兰政府的思考》。在这篇文章中，关于情感之有效空间的问题再次浮出水面。当时欧洲诸民族的景象在卢梭看来是一场灾难："不论人们怎么说，在如今已经没有法国人、德国人、西班牙人了，连英国人也没了，如今只有欧洲人。人们拥有同样的审美情趣、同样的激情、同样的习俗。"来势汹汹的民族大融合对卢梭来是个危险的信号，它将引起爱国主义的退潮，使政治制度面临终结。

民族性的相互融合、习俗与审美情趣的同质化在我们今天看来，恰恰是欧洲走向政治一体化的必要条件。可在卢梭看来，这样的同质化却反映了欧洲的几个大民族正在逐渐失去政治实体。在当时，世界主义的时代精神显然已深入人心，百科全书派哲人们脑海中所谓的普世人性已在通往凯旋的路上。卢梭认为，民族融合的过程同时也宣告了一种不可避免的衰退倾向，它迟早会导致政治秩序的瓦解。在这种情形下，我们必然要问，像科西嘉、波兰这些小民族是否能抗得住大融合呢？卢梭在 1764 年至 1765 年为科西嘉，1770 年至 1771 年为波兰草拟了宪法。这两份草案都旨在探索一种能与风靡一时的世界主义精神相抗衡的制度形式。小不点儿科西嘉和孱弱的波兰要成为欧洲大国在融合之路上的绊脚石。那些人们团结紧密、彼此相依为命的特殊社会，必须与那些多民族混合的庞大社会——也就是说与那些以各种各样的形式被制度化了的人性，相区别开来；这就是世界大同思想发展的背面。人们必须区分一般的、普遍的社会与特殊社会："任何一个团结紧密的特殊社会，都必然疏离大社会；凡是爱国者对外国人都是冷酷的——在他们心目中，外国人只是同他们毫不相干的路人而已。"

此处所表现的是卢梭在"第二论文"中勾画出的一种发展的终结。从自然状态到文明社会的过渡，意味着自然人的各种原初天性被人工替代物所取代。当法律被导入人类社会，它就取代了自然法的地位。这一革命所带来的结果是，文明社会的形态遍布世界各地，直到这地球上——卢梭叹息道——不复存在任何一个角落，人们必须臣服于这样或那样的社会规制。自然法（Naturreche）的意义仅在于，它作为民族与民族之间

48

的国际法仍然存在——当然在此情况下，它得接受修正，以便服从商业贸易中的规则。这样的话，自然法逐渐失去了它在自
49 然状态下所拥有的效力，只有当人们专门来琢磨，自然法中还有哪些可实用的内涵时，它才重见天日。自然情感的情况也与此类似，这种曾经自发涌出的情感现在也已被人工感情所取代。

贸易网在全球范围内的扩展，在卢梭看来是一个里程碑式的事件，因为在这一过程中，人类的情感得到扩展，甚至被过度延伸。新的情感随着这些新的境况应运而生，比如博爱。伟大的世界主义精神要让博爱覆盖世上所有的人，卢梭在最初也对博爱之情充满了赞颂。在他执笔"第二论文"时，卢梭显然相信，有极少数世界公民，能通过这种崇高的情感穿越民族之间的藩篱。但卢梭也洞察到，这种精妙非凡的情感并非人人能及。不论如何，消失的自然秩序在这一过程中作为一个象征而存在。

卢梭在后期告别了这种世界主义者的态度。他转而认为，那些孕育了世界主义精神的社会，反而是最不尊重人的大社会。在那里没有爱的教育，只有恨的教育，卢梭在《新爱洛伊丝》的序言中如是说。在文中，作者与读者围绕一个问题展开讨论：我们从哪儿学到了要爱人类呢？答案是：在书里。但在书中，人们所呈现出的就是他们本来的样子吗？是的，作者解释道（同时也描述了他自己的小说），"但仅限于当他们出现在两三个亲友组成的私密、封闭的小圈子里的时候"。这个时候卢梭已经确信，人性只有在小社会，甚至最终只有在私密、封闭的小圈子里——通过收敛而不是扩展——才能得到

实现。

任何将邻人爱扩展到私密小圈子之外的尝试都必将走入歧途。这也是卢梭教育学的前提之一。卢梭教育学是一种着眼于邻人的教育学。为了使邻人之爱与一个具体的对象建立联系，卢梭甚至建立了一套新的作用理论。比如在《爱弥儿》中，他声称："我们对他人痛苦的同情程度，不取决于痛苦的数量，而取决于我们为那个遭受痛苦的人所设想的感觉。"人们衡量他人的痛苦，不以自己在类似的遭遇中可能会承受的痛苦作为参照，而是以自己的设想作为参照。人们将自身置于陌生的感知世界，对这一新的感知世界毫无了解，也不曾通过移情作用来探知它。不如说，人们就这样闯入了陌生人的痛苦。人们确认他人的痛苦时，不参照自身的主观感受。这样的话就得有个前提条件：人们需要普遍认识到自身的缺陷，否则人们根本不可能理解他人的感受。只有受过难的人，才能理解受难之苦痛。若非如此，即人们无视人生命运自有沉浮这一普遍规律的话，那就根本不可能对他人产生怜悯之心了。"为何国王不会同情他的臣仆呢？因为他们从来没想过自己还会变成平民。为何富人对穷人如此残忍？因为他们从未有变成穷人的畏惧。为何贵族这样鄙视农民呢？因为他们永远也不会变成农民。"根据此原理，卢梭认为土耳其人比欧洲人更友好，更富有人性，因为他们专横的政府时刻提醒着他们：个人的伟岸与富有，总是处在危机之中，转瞬即逝。

根据卢梭的学说，在文明社会中，情感已失去了自发性，必须经过习得才能获得。情感的强度、范围与射程都与它被习得时的诸种条件息息相关。人性、博爱这种感情亦如此，因为

50

51

它们与其他感情一样，也是后天习得的。不过人性与博爱之情仍属于高尚的美德。卢梭利用这一学说澄清了他对世界主义者的立场，并通过援用道德代价这一范畴，有力地批判了世界主义的姿态：世界主义者在远方寻找的，正是他不愿承担的、身边的义务。他的道德成立之基础，是将身边的伦理与远方的伦理进行调换。因为世界主义者们在履行远方的伦理时，承担的道德义务微不足道，通过这样的置换，他就将较高的道德要求与微不足道的道德责任联系在了一起。"不要相信那些世界主义者了，因为在他们的著作中，他们到遥远的地方去探求他们不屑在周围履行的义务。这样的哲学家之所以爱鞑靼人，为的是免去爱他们的邻居。"卢梭在"第二论文"中，尚赞颂世界主义精神的升华作用，但在《爱弥儿》中，这些赞美已荡然无存。

从"第二论文"到《爱弥儿》，卢梭告别了巴黎哲人的道德哲学。巴黎哲人们期待，不断扩展博爱与人性，终将促成道德的进步，抵达覆盖全体人类的普世大爱。而卢梭在这一过程中看到的，则是赤裸裸的无德主义。在卢梭眼中，无限扩展道德的潜在对象，既远离了主题又不现实。只有我们以道德上无可挑剔的方式来对待自己身边的人才是唯一重要的事："关键的是，我们要对身边的人好。"任何情况下，道德都有一个不可消除的缺陷：道德所赋予身边的人之裨益，取自普遍一般的人类；道德试图给予普遍人类的裨益，是从那些对自己有最高道德要求的人们身上克扣而来。

52 　　Humanité 一词的含义，可分裂为抽象的人性和面对具体个人的人性。"人啊，为人要仁慈，这是你们的头一个天职：对任何身份、任何年龄的人，只要他不异于人类，你们对他都要仁慈。"① 这一命令式中所指的，不是游离于特殊社会之外的抽象人性，而是某一个具体社会中内在的紧张、分裂关系。人性，只能在业已给定的事物之秩序中找到自己的位置，而不是到一个想象的或者未来的秩序去纸上谈兵。"我们要在具体的人群中去寻找'人'，"卢梭解释道，"就像我们只能在孩子身上发现'孩子'。"

虽然满大人的桥段没有直接出现在卢梭的作品中，但是它倒是可以出现在《爱弥儿》中，用于甄别抽象的人性与具体的人性。只要人们把这一桥段从抽象的人性这一空间置换到看得见、摸得着的情景中，答案便一目了然：跟所有谋杀一般无二，意念杀死满大人也是无耻的行径。对于百科全书派学人们所热衷的关于道德哲学的实验，卢梭的回答一清二楚：远程道德起不到任何作用，因为它根本就不是道德。

第十一节　建立在不幸之上的幸

1880 年 6 月初，当一尊普希金青铜纪念像在莫斯科市中心揭幕时，屠格涅夫与陀思妥耶夫斯基二人致上祝词。与屠氏充满敬意但中规中矩的祝词相比，陀氏激赞普希金为第一位洞悉俄罗斯民族的作家。陀氏这通祝词，使他的作家生涯获得了空前的公众瞩目。在这个场合（陀氏在一年后辞世），陀思妥耶夫斯基也暗中引用了巴尔扎克《高老头》中的满大人桥段。当言及普希金《叶甫盖尼·奥涅金》时，陀氏提出这样一个问题：人们是否能将自己的幸福建立在他人的痛苦之上？"如

53

---

① 译文参照：［法］卢梭著，李平沤译《爱弥儿》，北京：商务印书馆，1978 年，72 页。

果那种不正直的、残酷的、毫无人性的举动已成为过去，那么，用什么来使精神平复呢",① 如果幸福建立在别人的痛苦之上，这又是一种什么样的幸福呢？

在《作家日记》刊出的祝词中，同一问题多次以各种各样的形式反复出现：设想，"你们正在构造的人类命运大厦的目的，是使人们变得幸福，并给予他们以和平与宁静。你们应当知道，为了这个目的，不可避免地要把一个人的本质折磨得极痛苦，甚至，在别人看来是极为残酷的，甚至是荒唐可笑的"②。陀思妥耶夫斯基考问道，在上述条件之下，是否仍有人愿意做这命运的工程师；他又问道，那些注定了要承担此项事业的人们，是否会心甘情愿地接受这一眷顾呢？如果命运大厦的地基里，镶嵌着一个不名一文、含冤被无情逼死的魂灵。陀氏最后问道，人类是否会永远满足于这样的幸福呢？陀思妥耶夫斯基设想，普希金笔下的达吉亚娜——陀氏认为她才是《奥涅金》一文真正的主角——大概会做出怎样的回答："一个纯洁的俄罗斯心灵会这么说：好吧！让我一个人被剥夺幸福吧！让我的不幸无限期地延长下去，比这老头更不幸，直至最后。不论是谁——哪怕是我的丈夫，不论什么时候，都不会知道我的牺牲，不会看清楚这种牺牲。但是，我不会因为苛求幸福，而去杀害他人。"③ 这正是悲剧《奥涅金》的核心，陀氏写道。这，也正是满大人桥段的核心问题。

---

① 译文参照：《纪念普希金》，载［俄］陀思妥耶夫斯基著，刘孟泽、李晓晨译《冬天里的夏日印象——陀思妥耶夫斯基随笔集》，上海：上海三联书店，1990 年，178—179 页。

② 译文参照上书，179 页。

③ 译文参照上书，179—180 页。

在《纪念普希金》演说手稿中的这个段落处，陀氏记下了拉斯蒂涅和毕安训的那一段对话。拉斯蒂涅问后者，是否愿意通过杀死远在中国的满大人，来保障自己身在巴黎的亲爱的人能幸福呢？陀思妥耶夫斯基再次强调，没有什么幸福有权利建立在他人的痛苦之上。他甚至惊异，拉斯蒂涅这个问题居然还能引起争议。其实在动笔写《纪念普希金》之前，陀思妥耶夫斯基就已在《罪与罚》中处理过同一个问题。在小说伊始，拉斯柯尼科夫在小酒馆中，听到了隔壁桌上一个大学生与一名年轻军官的对话。从那名大学生口中，他听到了想要杀死放债婆阿廖娜的念头。这一念头在他自己脑中已盘旋多时，最终促使他付诸行动。事情巧就巧在，邻桌的两人所讨论的阿廖娜老太婆，拉斯柯尼科夫早就想把她干掉了。那名学生正说出了拉斯可尼科夫心中所想："让我讲给你听，我真想把那个可恶的老太婆杀死，把她的钱抢走，我向你保证，我一点也不会受到良心的谴责。"① 跟满大人的桥段一样，这里讲的也是一桩无关良心谴责的谋杀。只不过巴尔扎克是让罪行通过超自然的意念的力量来实现，而此处是通过将谋杀说成一桩善举；将被害人转换成为一个毫无价值的、卑劣的人。她虽然无罪，但她的存在扰乱了世道，她是所有其他人在通往康乐大道上的绊脚石。在此处，行善、为世人造福的幻象粉饰了杀人之罪行。

凶手将自己看作是将世人从那无用的造物之压迫中解放出来的英雄："从一方面说，那个老太婆又愚蠢、又无用，微不足道、心狠手毒、衰老多病，不但对谁都没有用，相反，对大

① 译文参照：［俄］陀思妥耶夫斯基著，朱海观、王汶译《罪与罚》，北京：人民文学出版社，1982年，63页。

家都有害。她自己也不知道她为什么活着，而且说不定她明天就会自己死掉。从另一方面说，年轻的新生力量由于得不到支持而白白毁灭掉，这种情况何止千千万万，简直到处都有！那老太婆那笔预定葬送在修道院里的钱，可以举办和实现成百上千件好事和创举！可以使成百，也许使成千上万的人走上光明大道；可以把几十户人家从贫穷、破败、毁灭、堕落和花柳病医院里拯救出来——这一切用她的钱都可以办到。杀死她，拿走她的钱，然后借助她的钱好让自己为全人类的公众事业服务：你认为怎样？几千桩好事不能抵消一件小小的罪行吗？"①

这位即将造福人类的行善者，通过一桩他自认为是善举的谋杀，获得了他的行善资本，这些善事他之后会去落实。拉斯柯尼科夫把邻桌学生的谋杀幻想推到了极致，他省却了所有麻烦的辩解，单刀直入地奔向了谋杀本身。那名学生的谋杀幻想为一桩自圆其说的虚无主义行径铺平了道路。在为谋杀行径辩护的卑鄙外衣底下闪耀着的，是神义论的思维方式，是利用恶来优化整体经济的思考方法。

在陀思妥耶夫斯基对这桩虚无主义行径的描述中，满大人桥段的影子清晰可辨。在卢梭那儿，将罪行正当化是由于犯罪现场远在天边；而在陀氏笔下，穷困的众生与被害人的卑鄙使得罪行看似正义。或者人们可以这么说：被害人被极端矮小化，以至于人们去杀她都不须跨越心理障碍。普度众生的念头在此处也发挥了一定的作用，邻桌学生就沉溺于这个念头里。正如拉斯蒂涅向往着他的出人头地所带来的各项好事——譬如

———————————

① 译文参照：［俄］陀思妥耶夫斯基著，朱海观、王汶译《罪与罚》，北京：人民文学出版社，1982年，63—64页。

能给妹妹们提供支援，邻桌学生想着阿廖娜老太婆的死带来的各种善行。二者都带有他们的时代所流行的博爱主义精神色彩：世上所有人都应受益于善行、善举。在邻桌学生的思考中，谋杀通过开辟出一条将"人性"具体化了的途径，获得了它的正当性。罪恶，正如神义论中所述，对于整体来说倒是好事。他在这里所援用的，当然并非是上帝的授意，而是他自己的辩驳。

陀思妥耶夫斯基辞世的前一年，在普希金像揭幕式上的演说中模仿并礼赞了巴尔扎克，这说明陀氏颇受满大人桥段的触动。不仅如此，连拉斯柯尼科夫的名字，都让人联想到拉斯蒂涅。他是一个极端版的拉斯蒂涅，他与飞黄腾达之路无缘，只是个活在下三烂贫民窟里、一事无成的学生，最终领悟了爱的救赎力量。引起了拉斯科尼柯夫注意的邻桌学生的话语中，其哲学背景同时由功利主义和博爱主义的道德构成。此外，尤其是这里所强调的偶然性，也可清晰辨认出与巴尔扎克在《人间喜剧》的思考一脉相承。

在《作家日记》中，陀思妥耶夫斯基将同情心的匮乏描绘成是时代精神。人们纷纷逃离同情心，为了省却自己所要承受的伤痛。这种态度与时代有关——在当时，罪犯常常被宣布无罪释放，人们不想面对自己内心的痛苦。这一切都被陀氏归咎于当时的历史背景——在个人罪行中，他者通常是共犯。"这，"陀思妥耶夫斯基写道，"正是俄罗斯民族当时的看法。"

第十二节　战争的绝望

第一次世界大战爆发伊始，巴尔扎克的满大人桥段又一次出现在人们的视野中。要不是弗洛伊德在 1915 年给"犹太圣

裔"的共济会（他在 1897 年受到反犹主义的刺激加入该组织）
所做演说《对战争与死亡时期的思考》中，再次提到这个桥段
的话，恐怕除了巴尔扎克迷，谁都不记得它了。在演说中，弗
洛伊德站在那些留守在后方的人们的立场，讲述他们所感受到
的精神上的困窘——他们精神恍惚，力不从心。弗洛伊德没有
提到，当时他有两个儿子在战场上。他所描绘的战争，是在遥
远处发生的事件，人们只能通过报纸上的只言片语和战争给后
方的日常生活带来的混乱来对其进行判断。人们"被战争的旋
涡裹挟，被狭隘的思想教化，对正在发生或即将发生的剧变混
沌不觉，对正要浮出水面的未来毫不知晓。我们就这样，对我
们被迫接受的印象、对我们自己的判断之价值充满怀疑"。

　　在他的演说开头，弗洛伊德提到一种对自己与同时代人来
说，已经司空见惯的可疑的现象：战争的绝望。就连一开始不
那么反对开战的人们，都因这绝望转而开始反对战争。按照弗
洛伊德本人的理解，战争原本不可避免地体现了不同民族之
间，生存条件的差别与相互对立；但这次大战，却是（按照
弗洛伊德的原话）在 19 世纪末欧洲诸民族的生存条件变得极
其类似，诸民族对个体生命的估价变得前所未有地接近，这一
背景下爆发的。战争之所以引起了巨大的震惊，正是因为，生
活在这文明诸国的人们，已经自诩是文明世界的公民
（Kulturweltbürger），并且要忘情地享受他们的文化共同体。弗
洛伊德以一种哀伤的笔调，描绘了这一超越民族国家的共同体
之成就：人们聚在一个"新的、更广阔的祖国"中，徜徉在
人类文明的博物馆里。

　　这个文明世界公民的王国展现在欧洲子民面前，它甚至标
榜着一种"人类之共同体精神的进步"。在战争初期，连弗洛

伊德都对文明的成就深信不疑，他丝毫未留意到一种普遍的野蛮化倾向，抗议列强要"将诸个伟大的文化民族中的一员——她早已通过卓越的文化成就证明了她的会员资格——贬为'野蛮'，并将其从文化共同体中驱逐出去，这就是德意志"。弗洛伊德与他的听众们都心怀对德意志的归属感："我们沐浴在这希望里，希望是这个民族——我们是用她的语言在写作，我们的至亲们为她的胜利而斗争——最能遵守人类的文明规范。但谁能在此情景下做自己的审判官呢！"

在战争中，许多原以为的文明人特有的高贵情怀被证明是不牢靠的，甚至根本是伪善。与弗洛伊德一样，人们开始怀疑文化修养未必有牢靠的心理学基础。不过弗洛伊德为这一冷冰冰的认识找到了些许慰藉。他观察到，人们总是倾向于高估自己，他们其实根本没有到达自以为的高度。所以在现实中，人们跌落的距离远比那些大惊失色的文明人想象的要短。这离弗洛伊德的另一思想只差一步：文明的进程必不断经历倒退和回归。重返原始，不是一次性的、绝无仅有的事件，而是一个始终存在的可能性："原始状态可以随时重新回归；从严格意义上来讲，蒙昧之心永远伴随我们。"

重新堕入原始蒙昧状态，这一念头也纠缠着不少弗洛伊德同时代的观察者，比如斯宾格勒也提到人类会直接跌入野蛮状态。上述观察结果印证了弗洛伊德的一大发现，它足以为精神分析法正名，这就是人类心理活动的非时间性（Zeitlosigkeit）。由于人类心理活动的这一特点，原始人的精神世界能够完好地保留在文明人的意识中，并时刻可被激活。就像在博物馆里一样，原始人的心理与文明人的心理一同被陈列出来，这使人们可对二者做对比，从而浇灭文明人的高傲。弗洛伊德以一种戏

59

谑的轻松口吻说到原始人的"道德情操",因为在一场武斗之后,他们怕死者的灵魂来复仇,而自愿去忏悔和赎罪。他们在此显示出一种文明人显然已经失去了的道德考量。

文明社会中的人们相信,通过信条与道德教化,人们能对所有的他人一视同仁,而原始人的情感则显示出一种普遍的两面性。他们不光严格区分远处的人和身边的人、敌人与亲密的人,他们对最亲近的人也会涌起敌意。弗洛伊德认为,他在原始人身上发现的这种心理矛盾冲突(Gefühlsambivalenz),甚至可以作为一把钥匙,解开人们对死亡的认识之谜。原始人很轻易、自然地弄死别人,却拒不接受自己的死亡。弗洛伊德发现,在大战前线的士兵身上也可看到同一个心理现象。在上古时期,人们对死亡所抱有的看法或许可解开战争的心理学谜团。

如果以退化这一概念为轴,弗洛伊德的演说(弗氏的本义是要讲原始人的心理学)与时下流行的口号"回到自然中去(Zurück zur Natur)",就与卢梭关于自然人天性本善的学说之间建立起某种联系。但在这里,对卢梭的指涉尚是隐秘的。这是因为,弗洛伊德根据他所发现的人类原始的情感矛盾性指出,将人的品行做"善"与"恶"之区分是不合理的,"人极罕见有完全善,或完全恶的。通常,他在这一关系中是'善'的,却在另一关系中是'恶'的;或在某些外在条件下'善',而在另一些条件下'恶'"。依据这一论断,弗氏得以解释,为何利己主义能孕育出利他主义,凶残可衍生出怜悯;为何大多数同情心泛滥的家伙、博爱者和动物保护主义者,原本都是些小施暴狂和动物虐待狂。

弗洛伊德的原始人,本性既非善亦非恶。但卢梭笔下所描绘出的自然人，却完全不存在弗氏提出的"心理矛盾冲突"
的问题。利用"心理矛盾冲突"这一概念，弗洛伊德给"人
之本性是善还是恶"这一人们数百年来争论不休、又毫无结
果的问题画下了终止符。在弗洛伊德看来，卢梭一定是不合情
理的，因为后者认为有一种本能阻碍人们杀生，甚至本能地不
愿看到同类受难。卢梭暗示了这种利他主义的本能，完全可谓
是一种人类性善论。而弗洛伊德却认为，自己的学说在哲学的
擂台上已是不言自明的事实，因为这一问题已在世界大战的战
场上得到了证明——在那里，原始人所抱有的"心理矛盾冲
突"又一次获得了它原初的力量。

　　虽然在弗洛伊德看来，卢梭的人性善学说简直不值一提，
但弗氏还是把他当成了巴尔扎克作品中，满大人桥段的原作
者。弗氏认为，正是满大人桥段这一"家喻户晓"的故事，
证明了巴尔扎克的非凡能力。巴尔扎克洞察到，我们"静默
的思想"随时可以对杀人戒律视而不见，比如在《高老头》
中有一处——巴尔扎克暗中借用了卢梭的段子——他问读者，
如果他们身处巴黎，而且是在永不被告发的前提下，若仅用意
念之力就能杀死一个远在北京的满大人，且能从中大捞一笔，
他们会干吗？巴尔扎克借此让我们猜想，他应该觉得那位达官
贵人性命难保。当时，"杀死满大人（tuer son mandarin）"一
短语已经如此广为人知，都成了俗谚。弗洛伊德想从这一事实
中读出同时存在于"他的同时代人体内的隐秘讯息"：在他人
的恶意面前，没有人是安全的。　　61

　　弗洛伊德在他关于战争与死亡的思索中征引卢梭和巴尔扎
克，这与他对文学修养的独到见解不无干系。引用古典学人虽
不免流于造作，但这两位对弗洛伊德来说可谓是"同盟者，

他们的证言值得引起高度关注。因为他们对这世间广博的见识，是我们贫乏的课本知识遥不可及的"。弗洛伊德这一小小补充的言外之意是，总有一天，精神分析法将为两位作家笔下的心理学现象溯其根源。

在原始人身上，弗洛伊德发现的"心理矛盾冲突"一方面将死亡看作杀生，并欣然接受；另一方面又否认它的真实，将它当作嘲弄的笑话。这就好比一个人对他妻子说："如果我们俩之中有一个人死去，我就搬到巴黎去。"跟满大人的桥段一样，对于弗洛伊德来说，这个笑话也属于未写下的、关于"诚实"的故事的一部分。他的整个演说，亦是为"诚实"的故事添砖加瓦。这一故事的主角，是这样一种人类：他们虽然无法摆脱原始人的冲动和欲求，却为其找到了文化上的排泄阀门。在演讲的尾声，弗洛伊德问道：我们若能在现实与思想中，为死亡腾出一块它本应占有的位置，难道不是更好吗？这样的话，人们就需要把小心翼翼地封存着的关于死亡的潜意识拿出来，放到更醒目的位置，也就是说在一定程度上允许倒行，并让这种倒行具有比求真更重要的意义，这样人们才会更容易地去承受生命："一切生物的首要义务，就是接受生命本身。阻碍我们这么做的幻象毫无价值。"

62　　　　显而易见，弗洛伊德的演说最终又一次跟卢梭对自然状态的赞美唱了反调。卢梭认为，人们不再可能回归美好的自然状态；而弗氏通过把卢梭的自然人置换为他笔下心理分裂的原始人，认为主动选择倒退是一条出路。在战争强行带来了更加残忍的倒退之后，"回到自然中去！"这一口号——说句题外话，卢梭跟这口号可没什么关系——被弗洛伊德稍做修正，倡议人们得时不时地自发回归原始状态。这，当然拂逆了文化主义信奉者们的意愿。

　　距离这次演说十五年之后，弗洛伊德在《文明及其缺憾》中又一次提及满大人桥段，把他当作是个家喻户晓的角色。这一次他没有提到巴尔扎克："人们想到卢梭著名的满大人。"弗洛伊德将满大人当作是一个意象，比喻人类将外在的某一权威内在化之前的一个阶段。在这一阶段，内疚感只是一种"对失去爱的恐惧"。此时，"当这些人确信权威不会知晓他们所做的坏事，当父亲或者双亲的位置被一个更大的人类集体所取代时，'社会性的'焦虑"就可以被克服。从这一刻开始，"成人们习惯允许自己去干种种可能给予他们享乐的坏事，只要这些人确信权威不会知晓他们所干的坏事，或者不能责备他们。他们所害怕的只是被发现"①。在这一章节的一个脚注中，弗洛伊德提到了满大人。在这里，弗氏认为，超自我（das Über‑ich）的弱点来源于一种能再次激活心理学遗传的返祖现象。外部权威取代了发展成熟的良心，于是社会就满足于停留在它的幼儿阶段。

　　这就与狄德罗趣味十足的距离实验较为一致了。狄德罗的实验旨在通过将远与近一视同仁，来对道德的确凿性提出质疑，否认道德能被内在化——虽然夏多布里昂面对满大人的实验时，坚信道德可深入人心。满大人的故事其实还有一个特点，弗洛伊德未触及，这就是：目的与行为之间的距离。在巴尔扎克那儿，远程作用的意志克服了这一距离。只要内心里不再反抗，目的立即可转化成行为。目的与行为，通过决断和执

---

　　① 译文参照：[奥] 西格蒙德·弗洛伊德著，傅雅芳、郝冬瑾译，苏晓离校《文明及其缺憾》，安徽：安徽文艺出版社，1987年，73—74页。

行过程的简化，会逐渐接近，这就使得关于满大人的实验同时也成为科技的象征。科技的发展，尤其是远程武器的问世，使得人们对行为的道德评判发生了巨变。在这种新的情况下，要打造一个用父权家长式的外部权威取代成熟良知、将每个个体重置于幼儿阶段的社会，可就容易多了。

如果弗洛伊德认为，人们将这段子口口相传，是因为他们潜意识里觉得满大人的一条命无所谓，那这只能证明，人们大约乐意倒退回幼儿阶段吧。

第十三节　布尔乔亚的耸肩

在 1932 年出版的《劳动者》一书中，恩斯特·云格尔罕见地在内容摘要里加了一处注释。在这一注释中，巴尔扎克的满大人桥段（在此处有人按了按钮使满大人一命呜呼）再次出现。云格尔的内容摘要长达好几页，详述了书中出现的一系列命题，针对其中一些问题的论述可谓自成一体。在这一条注释中，云格尔将满大人的逸话与一则关于遥远中国发生了水灾的新闻联系在了一起。这两个例子显示出，抽象地理解"人"与具体地理解"人"这一概念，是多么不同："我们与'人'之间建立了具象的关联，这体现在，当我们的好友（或死敌）穆勒死时，我们比听到黄河决口导致一万个人淹死这一消息时，抱有更深切的感触。人们思考抽象人性始于这样一些例子，比如：'在巴黎杀死一名具体的对手，与按下按钮杀死一个未曾谋面的中国满大人，究竟哪一桩更不道德呢？'"在内容摘要中，包含注释的那段正文是这样的："布尔乔亚式的思维方式中，不包括对全体关系的思考。所以它只能把劳动者看作一种现象，或者是看作概念，也就是说看作一种抽象的人。

与此相反，劳动者真正的'革命性'行为在于，他们将自己看作一种更高理想的代言人，对全体关系提出了要求。"

关于"抽象化"一词，注释中给出了两个例子来解释，什么叫作把人看作"抽象物"。比如对在中国的水灾中死去的一万个人心怀同情，或者按下按钮杀死一名身在中国的陌生满大人，这样的念头是抽象的。与此相反，你的朋友（或死敌）穆勒死了，这对你的触动要比天边的陌生人之死深切得多，这就是"具象的关系"。能够解释上述两种情形的关键在于"具象性的魔力"，根据具象性原则，人与人之间的道德关系，无论是善的还是恶的，都只可能在面对一个具体对象时才存在。

对于云格尔来说，重要的不是甲受害或者乙受害，云格尔在这里看到的是一种布尔乔亚式的姿态。布尔乔亚们无法接受，一个人对于抽象的"人"竟然可以不讲什么道义。所以对于他们来说，去思考满大人之死，比思考身边的人之死，来得更有趣。巴尔扎克的满大人难题正是属于这样一个布尔乔亚的世界，拉斯蒂涅也宁愿选择干掉北京的满大人，而不是杀掉一个身在巴黎的、具体的、他必须与之面对面的人。云格尔认为，将人抽象化，是布尔乔亚思考样式的一大特征，它属于这个布尔乔亚的时代。云格尔让满大人桥段重见天日，因为他认为，这个桥段标志着抽象人性的历史开端。云格尔写道，该历史始于一系列思想游戏，比如用一个按钮杀死在中国的满大人。在 18 世纪中叶的巴黎，人们热衷于把玩此类思想游戏，哲学家们也头一次构建了一种普世道德（Menschheitsmoral）。按照云格尔的理解，正是在这里诞生了"无休止的布尔乔亚对话"，它们作为"巴黎小阁楼里百科全书派学人最初的谈天之翻版"被不断地重复。

65

　　云格尔终其一生，对巴黎哲人的阁楼世界兴趣盎然。在《劳动者》一书关于大城市的章节里，他面对这可疑的世界开启了一扇窗："两个街巷的间隔，居然可以比南极到北极还远。一个个的个体，一个个的路人，他们之间的冷漠简直非同寻常。"作者按照 18 世纪的笔法勾勒大都市的图景，像是"从月球表面用望远镜来观察它"。鉴于距离极度遥远，目标与用途相互重合："观察者的参与感变得比原来更冷酷，也更炙热，但横竖都不同于那底下个体与整体间的关系。"正是在这样的背景下，关于抽象的人性之说教才找到了温床。这类说教体现于一种倾向，即将道德上本不相关的事件进行道德化，比如中国的水灾或者满大人之死。在遥远的地方发生灾难时，人们对受害者感到怜悯，但他们未必负有行动的义务。可是这种感情让人觉得，自己对遥远处发生的不幸好像是感同身受似的，进而拥有作为文明人的道德感。这种感情状态正体现了布尔乔亚的选择无能症。云格尔认为，这一症状的病根，就是布尔乔亚"将整个世界本身看作是镜像，并在其中不断通过新事物来证明自己之美德"的姿态。

　　布尔乔亚无力承认这一事实，他对客观上无关紧要或者随机的事件，原本是冷酷和漠不关心的。正因为如此，他才会将那些在道德上不具备紧要性的事物道德化。反过来，布尔乔亚不敢直视那些他真正需要负起责任的情景——在殖民地遭到占领时，他高呼要进行和平渗透；在某个行省企图独立时，他支持民族自决权；当胜者进行掠夺时，他主张战后赔偿。对云格尔来说，鼓吹自由、平等的列强诸国采取的大众宣传，正是布尔乔亚们对现实进行道德教化的结果，是对真实视角的遮蔽。劳动者也成了这一布尔乔亚诡计的牺牲品，这诡计蛊惑他们沉溺于"谈判、怜悯和咬文嚼字的领域"。

　　在黄河水灾和满大人的那条注释所对应的段落中写道：战争的终结，赤裸裸地体现了上述对现实进行扭曲的策略。在战争尚在进行时，布尔乔亚们就暗自选择保全欧洲，决定不再继续战事。这是为了回归他们所熟悉的谈判交涉之格局，为了"不惜一切代价给布尔乔亚社会延寿"。这就是"布尔乔亚的战争责任"。就连战败所导致的不幸，也是源于道德的抽象化——它曾是18世纪中叶的巴黎哲人们幻想要实现的目标，围绕着满大人之死的想象便是它诞生的契机。

第二部

道德的地理学

年轻的中国妇女在裙下半露出穿绣鞋的小脚脚尖在北京招来的灾难，比世界上最美的少女在台盖特山麓跳裸体舞所引起的后果还要严重。

第十四节　利益主宰世界

在发现与征服的时代，道德概念所受到的震撼主要体现在，很多新的概念随着这些新经验应运而生。正如阿尔伯特·赫希曼（Albert O. Hirschman，1915—2012）所言，在道德传播学（Moralkommunikation）中，利益（Interesse）这一概念从 17 世纪起，逐渐作为新的核心概念定了下来。其中聚合了贪婪、欲求、追名逐利这些危险的欲望，但人们现在相信，它们能够通过正确的引导成为有益之物。若被置于妥善的轨道上，欲望所释放的能量既可以造福个人，也能造福共同体。为了方便识别这一价值转向，人们现在不再提贪婪和欲求，而称之为合理的利益追求（Gewinnstreben）。"利益"在此时成了各种欲望的一个集成概念。人们暂且忽略欲望具有的毁灭性侧面，把欲望看作是可被规训的，且足够稳固的物质，以便借助它在发明之旅与远程贸易所开辟的新天地中找到指引——利益是能够被计算的欲望，它对经济生活会起到积极作用。人们在追逐利益时所表现出的坚持不渝与耐久性，巧妙地征服了贪婪与功利心所包含的毁灭性欲望，使它们臣服于一种理性的精打细算。原本贪婪是驱使企业赶赴陌生大洲的原动力，如今它不再以贪婪的面目出现，而是把这非理性的动力纳入一种复杂的精打细算中。在这精打细算的过程中，欲望消失，主导权让给了比它等级更高的利益。这样一来，被驯服、被规制的欲望尽在掌控之中。通过利用情感的可塑性与情感透视法，危险而有害的欲望得以实现转型，狄德罗正是用这一转型来攻击传统的道德。

"利益主宰世界"这一格言在 17 世纪晚期开始流行起来，它最终从欲望的驯化过程中得到了结论。此格言预设，贪婪，这一原本声名狼藉的特性，在利益的名义下可转化为一种丝毫无伤风化，且颇具实用性的、有价值的欲望。人们过去认为贪婪无所不在，对贪婪提出控诉与道德上的谴责。而现在，利益的普世性使之堂而皇之地宣布，利益主宰着整个世界。利益，与被利益驯服的欲望一样，无处不在。在对一些特定的欲望进行重新诠释的过程中，人们给这些欲望赋予了理性主义的特点。休谟就曾言及欲望，说它是丝毫不会令人不安的理性追求："欲求与贪念是一种无论何时、无论何地都存在于所有人身上的欲望。"从此，欲望的普世性获得了新的意义，它不复是具有威胁性或者令人沮丧的，它暗示着一种可持续性和可预见性。摇摆不定的、不可捉摸的欲望，通过与经济利益的结合，转化成为持续的、可预估的动力。

另一格言道："利益不会撒谎。（Interest will not lie.）"利益与欲望不同，后者为达成目标会撒谎。欲望具有欺骗性与蛊惑性，但利益的优点在于清晰辨认，并且可被预估。所以当欲望到利益的转化完成时，人们对"贪婪"旧有的邪恶特性就不必太紧张。塞缪尔·约翰逊（Samuel Johnson，1709—1784）揉着他的眼睛，就像是有了一桩重大发现似的说道："贪婪是一种具有内在一致性、可被辨别的恶习。"最主要是利益将贪婪变成了动态的，它变得像一支探头，伸到地球上最远的地区。休谟更进一步，清醒地注意到"普遍存在的欲望"这一新的现象："一位欧洲商人会说，他对牙买加发生的事情倒是感兴趣。"商人在生意上的兴趣，激活的不仅是对这一遥远地带的好奇心和关注，同时通过他对牙买加所发生的事情的某种情感介入，原本生意上的兴趣会逐渐发生变化，那里发生的一切显得重要起来。他在情感上觉得，牙买加似乎离自己很近。利益的原则与商业社会扩展到全球的贸易链相辅相成，使再遥远的彼岸都可以显得很近。

这时候，利益完全可被叫作全球欲望（globale Leidenschaft）。就在人们如火如荼地展开对新世界的商业探索时，法国唯物主义者爱尔维修（Claude-Adrien Helvétius，1715—1771）从昔日被人唾弃的"欲望"被高贵化的现象中得到以下结论："正如物质的世界由运动法则主宰，道德的世界由利益的法则所主宰。"道德的世界应与利益的世界保持一致，所以利益世界的主宰者，也应当支配道德。利益，曾经将贪婪、逐利转化为一种可辨别、可预见的欲望。这一过程现在应作为模板，来改造所有与道德相关的重要情感。这些情感也应被纳入道德精算和庞大的利润计算体制中去，才能进入那些利益的自主活动范围中。

只要人们超越传统的道德之狭隘边界，就必须遵从业已挺进了的遥远地域的利益原则。为了能够跟上利益的步伐，道德必须要挣脱它原有的地域性纽带——到目前为止，道德在地域性的纽带中一直背负着一些义务。人类的发展造成了这样的结果：从道德上来说，人们再也不能对于遥远处发生的一切袖手旁观了。当狄德罗为了弄清远与近对道德感所产生的影响，设计出那些思想实验时，[①] 世界地图上其实已经不复存在道德真

_____

① 参见本书第一部第七节、第八节。

72

空。为了使自己的学说能够奏效，狄德罗避而不谈早期发现之旅所带来的经验，他越过"利益"的概念，让不同的道德观直接相互碰撞。

第十五节　对差异的礼赞

73　　从 16 世纪开始，无数的游记通过记录不同地区的文化，扰乱了原有的道德观。当帕斯卡尔（Blaise Pascal，1623—1662）说"人类之所以不幸，皆源于他不甘待在自己的小屋里"时，他想到的可能正是旅行者带回的骚动，是探索之旅引发的关于存在的不安。针对欧洲固有习俗的各个方面，旅行者们都带来了足以引起热议的新鲜事；对欧洲的任何一种惯习，异域民族的事例都提供了反例，让人们得以对前者提出这样或那样的批驳。宗教信仰与社会规范的地图，因此变得越来越多彩，越来越纷乱，最终导致了普遍的相对主义。

　　法国耶稣会士李明（Louis Le Comte，1655—1729）在十七、十八世纪之交出版的一部汉学著作《华夏的礼仪》中总结道，人们赋予自己的行为之任何意义，都是随机的："我们一直在自我蒙蔽。因为童年时代的各种偏见阻碍着我们认识到一个事实，人类的绝大多数行为本身是颇有随意性的。这些行为的意义，只是各个民族在此行为出现伊始，愿意赋予它的意义而已。"礼仪与行为所体现的，不是一种意义，而是一项选择。类似的例子不胜枚举，所有这些行为举止上的差异都证实了，每个社会的特点以及社会中的实际情况总是微妙地左右着人的思维方式。比如暹罗人对迎面走来的女士表示爱慕的方

74　式，是转过去把背对着她；土耳其人留着胡子却把头发剃了；在有些民族那儿左手具有更优越的地位，而在欧洲人那里却是

右手。这些看似无关紧要的差别，只要人们认识到它们并非孤立的现象，而是根植于社会习俗和信仰系统之中，并在其中具有特别含义时，这些差别立即就获得了意义。

蒙田的随笔《论习惯》①堪称是作者对琳琅繁杂的异域习惯、习俗与礼仪颇有研究的明证。在 1580 年问世的《随笔录》第一版中，蒙田仅探讨了古希腊、古罗马的习俗事例，但在 1588 年的第二版中，他在关于习俗的这一节中大量使用了游记中丰富的资料。蒙田花费了数页的篇幅，不插一句评论，罗列出世界上各式各样光怪陆离的习俗——就像他被迎面而来多样的惯习给吓呆了："有的地方有男妓院，男人之间甚至可以结婚；有的地方妻子随夫出征，不仅参与打仗，还指挥作战；有的地方孩子死了人们痛哭流涕，老人死了却额手称庆；有的地方人死后尸体被煮熟再捣成粥状，最后被掺在酒中喝掉；有的地方的人相信幸运的灵魂自由自在，生活在安乐舒适的旷野，我们能听到他们的回声……"②蒙田用来给每句话开头的、固定不变的"有的地方"，显示出这些现象之间的等价关系。

蒙田并没有被搞昏头。他单纯地记录着，未因此破坏内心的平静。胡戈·弗里德里希（Hugo Friedrich，1904—1978）认为，蒙田对这些现象的解读，体现在蒙田对待自己的方式，和他从中得到的一种"个别化过程"（individualisierender Prozess），蒙田通过对此进行实践，用多元化取代了普世性。多元化是怀疑主义者的法宝，"因为所有的事物都不尽相同，

---

①　原题为 *De la coustume, et de ne changer aisément une loy receüe*，即《论习惯及不要轻易改变一种根深蒂固的习俗》。

②　译文参照：［法］蒙田著，潘丽珍、王论跃、丁步洲译《蒙田随笔集》（上卷），南京：译林出版社，1996 年，125 页。

75 所以在万物中没有任何一种特质，比差异化和多元性更具普遍性……大自然有义务，避免创造两个相同的物体"。蒙田其实也可以说，差异的存在，才是事物最大的共性。这也符合蒙田对人的多变性的认识："人是一种不可思议的、虚荣的、变化无常的东西。"我们可以从中轻易辨认出蒙田的自我描述，正如礼仪习俗的差异，使我们可轻易描述某一文化。自我描述与他者描述本来就在不断发生变化，再加上观察者的改变，就更是变化无常，正如蒙田所言："如果人们好好打量自己，绝不会两次得到相同的结果。"

除了上述怀疑论式的赞同之外，列维·施特劳斯（Claude Lévi‑Strauss，1908—2009）在蒙田著作中，还发现了另一个建立在人类学基础上的对理性的悲观认识。蒙田援引人类学来对理性提出控诉。他认为，新世界的发现废除了所有理性所担保的确凿性。这一论断更具有毁灭性的地方在于，它允许人们以放弃运用理性为代价，去依赖任意的确定性。为了反驳理性，蒙田所举出的并不是那些出格的、无法理喻的、令人反感的事物，而是旧世界与新世界之间确凿存在的类似性。人类精神会在远隔万里的地方相互呼应（这一惊人的一致性被蒙田称作是"伟大的奇迹创造者"），这开启了——借用施特劳斯的话说——理性怀疑的一个新维度：不论在克服差异性时，还是在克服相似性时，理性都不起作用。这两种情况都证明了，理性无法支配人类精神的表达——同时也是它自己的表达。受

76 到人类的精神（出于它的本性）所支配的法则越少，人们越不能轻信自己的感知。所以蒙田说道："不论是在自然中，还是在文明社会里，我们对存在（Sein）都束手无策。"列维·施特劳斯称蒙田此语是整个哲学史上最强劲的表达。

　　蒙田将单纯地记录不同的习俗与礼仪作为手段，来驾驭随着观察的深入，逐渐呈现出的令人沮丧的不确定性。与此相反，其他人却认为，异域令人恶心的习惯、风俗、礼仪，让旅行者与游记的读者们头脑混乱，他们对此深感不安。拉布吕耶尔（Jean de La Bruyère，1645—1696）就对旅行者受到的影响表示警戒："有些旅人，被长途跋涉搞得精疲力尽，连仅有的一点宗教信仰都丢了。他们每天都忙着去接触新的文化、不同的礼俗与仪式。"的确，借助游记，异国的例子使得人们可对任意一种信念提出质疑，包括所有权、自由和正义。差异繁多，人们无法将其归结到同一个原因；每样都具有特别的、独一无二的特性，使得一般性的解释完全不够用。那些足以拿来揶揄本地信仰的外国事例不胜枚举。可是人们虽然对本土的礼俗、习惯抱以冷眼，但对其他社会里形形色色不同的习俗，倒很少横加指责。观察者们对自己社会习俗的批判性，与他们对异域习惯的宽大程度成正比。这种不公允却很少有人注意到。看来地理大发现所带来的震撼十分深刻。

　　人们也可以如狄德罗在《布干维尔游记补遗》中那样，尽情享受这一混乱的喜剧性。塔希提人与欧洲人在两性关系上的差异足以导致误解和奇怪的情形。人们在发笑的同时，得以领会塔希提人高尚原始的性道德与欧洲人造作的性道德之冲突的真谛。这一笑胜过道德哲学家的说教。塔希提人为船上的神父献上一名少女，某天清晨，神父在拂逆自己的宗教信仰，半推半就之后，在少女的身边醒来，并大喊："啊，我的信仰，我的天职啊！"这一事例诙谐地体现出，自然与反自然之间的道德冲突。

　　作为这种道德冲突的解决方案，狄德罗提倡一种灵活的做法："穿上一件他乡常见的外套，同时也保留一件故乡的外套。"这是旅人应遵循的道德规范。一个世纪以前，蒙田已在他的意大利之旅中履行了这一原则。去到他拜访的每一个城市后，蒙田都会先买一顶当地最普通的帽子，戴在头上在街市里转悠，以显示他对本地习俗的尊重。当地的居民大概会对这名奇怪的陌生人摇摇头，看不出来蒙田这是有礼貌地对他们的习俗表示出尊重。这一办法同样不适合解决不同的道德秩序在正面碰撞时所产生的激烈冲突。另外，那些在社会中具有核心意义的、关乎礼俗的信仰，也不可能像件衣服，想穿则穿，想脱便脱。在异域扮演一个相对主义者，回到家乡却又反了过来，这行不通。

由此可见，对礼仪和习俗做比较，不是一种中性的实验。人们必须做出选择，因为人们在行动时必须要依赖判断。在狄德罗看来，在比较各种礼俗、将其相对化所导致的混沌中，是否符合自然性可作为上述判断的标准。所以道德层面的相对主义，对狄德罗来说实际上是看哪一种最符合自然性。任何道德规范，如果不符合自然性，那么无论普遍相对主义如何将其正当化，这种道德规范都失去了存在的理由。正因如此，不同文化间的正面对峙都有可能以致命的形式出现。

第十六节　此方的真理，彼方的愚痴

早在狄德罗之前一百年，帕斯卡尔就对道德与法律的相对主义提出抗议："正义的或不正义的东西都在随着气候的变化而改变其性质。纬度高三度就颠倒一切法理，一条子午线就决定真理；根本大法用不到几年就改变；权利也有自己的时代，土星进入狮子座就为我们标志一种这样或那样罪行的开始。以一条河流划界是多么滑稽的正义！在比利牛斯山的这一边是真理的，到了那一边就是错误。"① 帕斯卡尔长期考察公理（Gesetzen）与公道（Gerechtigkeit）二者之间的关系，旨在解决这一问题：人们将要在什么基础上建立世界的秩序和全球贸易，来统治世界呢？是要建立在每个人变幻无常的奇思怪想之上吗？多么混乱！是要建立在正义之上吗？人们对于正义是无知的，帕斯卡尔回应道。如果他们对此有所认识，就不会以单个民族的习俗作为衡量公道的准则，因为习俗这类概念总是从人的意识出发。如果正义之光足以使一切习俗相形见绌，那么立法者就会以恒定的公理作为样本，而不是拿某些民族的臆想与怪念头作为模范。法律，将适用于任何时代的任何民族，而不是随着风土而变。

即使如此，紧接着他的"在比利牛斯山的这一边是真理的，到了那一边就是错误"之呐喊，帕斯卡尔写道：人们承认，正义不在习俗之中，正义在一切国度所周知的自然法（Naturrecht）之中。但现实中却没有任何一个事例，能证明有这样一种普世有效的法律。与此相反，无数嘲弄这法律的惯习却存在着——盗窃、乱伦、杀子和弑父。帕斯卡尔管这叫作 *plaisant*，一个笑话，"一个人可以有权杀我，就因为他住在河水的那一边"②。依照这一法律，遥远大洲的人们可算是被判了死刑，只因他们远离欧洲。帕斯卡尔把这称为一个理性的滑稽剧。一切不幸都发源于这种"美好的理智，他一腐化，就腐化了一切"。理性在"显然存在的自然法则"与人类的礼俗

79

① 译文参照：［法］帕斯卡尔著，何兆武译《思想录》，北京：商务印书馆，1997 年，137 页。
② 译文参照上书，137 页。

和法律之间挑拨离间，它选出其他几样法律的成因：权威、收益、用途与习惯，将这些强行归为自然法。其余的一切都随着时间而推移，跟着时间而变化。更糟的是：任何试图弥补此缺陷、彰显正义的法律，都只是毫无效力的镜花水月，是自我满足的法律。所有企图制造自然法的尝试，只会走火入魔。

帕斯卡尔的理论将矛头对准了同时代关于自然法则（natürliche Gesetze）与自然法的空想，因为这类空想只能破坏现有的法律与习俗，却无法建立起一套新的秩序。由于人们不可能将自然法付诸现实，追求自然法就变成了一出搞垮国家的诡计，同时污蔑现行的习俗和习惯是对某个原初意志的歪曲，从而剥夺它们的合理性。帕斯卡尔认为，"这准是一场会失去一切的赌博；在这个天平上，没有什么东西会是公正的"①。然而人民却很容易听信这类议论，因为在这些空想中，大人物们看上去在绝望的情境中也是收益者。帕斯卡尔不做评价，引用了一名聪明的立法者的主意：为了人民的福祉，就必须经常欺骗他们，因为他们本身对解放人类的真理一无所知。他就像陀思妥耶夫斯基笔下的宗教大法官，如此说道：因这世上本不存在什么解放人类的真理，那么欺骗人民就成了不二之选。于是，人们不可被告知有关于"篡位的真理"之真相："那本来是毫无道理地建立起来的，但却变成有道理的了；我们一定要使人把它看成是权威的、永恒的，并且把它那起源隐瞒起来，假如我们并不想要它很快地就告结束的话。"②

对于帕斯卡尔所言，在此局势下，最高的信条便是维持和

---

① 译文参照：《思想录》，139 页。
② 译文参照上书，139 页。

平、防止内战。因为统治者宣称，内战是最糟的祸害，和平是最高的善。人们必须听从统治者，这未必是因为他们有道理，而因为他们是支配者。法律达成了它的使命——防止人们陷入战乱，这与它是否有道理无关。援引帕斯卡尔的《三论伟人的条件》一文，莱谢克·柯拉柯夫斯基（Leszek Kolakowski，1927—2009）认为，帕斯卡尔不相信世上有任何合理的秩序。世间的统治者能获得权力，只不过因为他们碰巧出生于显赫的家庭。世上不存在自然的伟人，只存在人们的意识造就的统治者，人们对王侯的敬意从来都不是因他们的内在气质有多么伟大。面对王公贵族，人们要起来反抗，还是跪倒在地，不过是一种法律上的规制而已。柯拉柯夫斯基在此处要说的也是：人们没有必要去启蒙民众，让他们认识到，法律虽必不可少，但并非合情合理。

帕斯卡尔对世间万物之秩序的恐慌，他的呐喊"在比利牛斯山的这一边是真理的，到了那一边就是错误"，与蒙田的一些思想遥相呼应。蒙田也曾问道："如果我昨天赞美它，今天就置之不理，拿到河对岸它成了犯罪，这是什么美德呢？如果它在山脉这一边是真理，越过山，对面的人认为它是谎言，它又是什么真理呢？"蒙田继续问道，一国的法律和习俗是如此易变，一如民众与王侯的想法；而且不仅世俗法律，连宗教戒律也在不断破旧立新——正如我们在宗教大混乱时期看到的那样，人们怎么可能遵从苏格拉底的教谕，牢牢遵守某一国的法律和习俗呢？

面对着现实的纷杂与多变，哲学似乎全无用武之地。本来，在理智面前任何习俗都站不住脚；然而又是理智，劝说人们要服从自己出生和生活的社会中之各项习俗。为了确保法律

81

的地位不受到动摇，人们只提那些确凿的、斩钉截铁的法律，这简直是笑话（与帕斯卡尔一样，蒙田也颇揶揄哲学给世间带来的混乱）。人们闭口不谈那些在其他物种上也体现出的自然法则。他们甚至不确信，号称是与自己息息相关的自然法则，究竟存在几条。有的人说四条，有些人认为是三条，众说纷纭。

对于蒙田来说，这种情况下要在诸民族之间达成共识，是无法想象的。总有一个或几个民族，要背离普遍自然法则。涉及习俗的道德地图繁复难辨。蒙田说道："这世界上没有比法律与惯习更多样化的领域了。"蒙田目睹了自己所处的时代中，各式各样的具体事例后，不得不产生怀疑，万物间是否存在合理秩序呢？蒙田甚至认为，正是人类的理性本身导致了眼下的无序。蒙田对理性的污蔑，在帕斯卡尔重读蒙田时被继承下来，美好的理性腐化了一切（cette belle raison a corrompu tout）。

第十七节　关于边界

蒙田的呐喊"如果它在山脉这一边是真理，越过山，对面的人认为它是谎言，它又是什么真理呢"，将绝望表达到了极致。除了谈及山川与河流，帕斯卡尔通过把覆盖整个地球的经纬线纳入讨论，使原本激昂的情绪更甚了一步。帕斯卡尔在论及经度与维度时，比他所在的时代稍微超前了些。在古希腊、古罗马时期，人们已经对地球表面的弧度测量有所了解，直到斯涅尔在1615年发明了三角测量方法之后，空间大地测量学才正式诞生。1669年，也就是帕斯卡尔死后七年，皮卡德通过一系列从巴黎到亚眠的观测，第一次准确地判定一度的大小，从而测出了子午线的弧长。在帕斯卡尔的有生之年，测量与判定经纬度一直是个热门话题。当时，对制图学这一新型科学的研究十分繁荣。人们想要确认新发现的大洲在地球仪上的位置，想把原本由传说中的神兽、虚构的仙人们主宰的空白地带搞个清楚。有首嘲讽诗为证："地理学家在非洲地图上，用了野蛮的图画来填补空白；在不适合人居住的草莽，放了大象，说是没有市镇。"① 人们对散布世界各地的习惯与礼俗，同样充满幻想，甚至还抱有更多彩的想象。与游记一样，各地的风土所造就的习俗之差异，同样揭示出这一事实：在各种各样的人类社会的组成方式中，不存在规律可循。帕斯卡尔对他同时代的学人们对精确经度与维度所抱有的浓厚兴趣浅尝辄止，他很快认识到，理性试图给已有的混乱再添加一层人为的无序。

　　比习惯和礼俗的多样性更令帕斯卡尔感到不安的，是人们制造出的边界，正义或非正义在边界的两边不具备相同的效力。并不是比利牛斯山那边与这边的习俗不同这一事实震惊了帕斯卡尔，而是人们在这种情况下已经不知道什么是正义，什么是不义。卡尔·施米特在《大地秩序——欧洲公法中的国际法》一书中重新阐释了帕斯卡尔这段名文，并将覆盖全球的经纬线看作是出现新的空间秩序之前兆。帕斯卡尔的呐喊"一条子午线就决定真理"，不单单是出于相对怀疑主义，它道出了一个令人震惊的事实：基督教世界中的王公与平民通常认为，在某些空间内，正义与非正义之间的差别是不存在的。

────────────

　　① 这段诗文引自乔纳森·斯威夫特于 1733 年出版的 *On Poetry: A Rhapsody*。斯威夫特所指的或为安特卫普的制图巨匠亚伯拉罕·奥特柳斯（Abraham Ortelius）绘于 1573 年的《祭司王约翰帝国图解——或称阿比西尼亚帝国》。

友谊线，即 amity lines，在不受法律约束的自由的海洋领域，
与在具体的秩序支配下的陆地之间，划出了一块中间地带，在
其中，正义与非正义都不具任何意义。

这种混乱，伴随对新世界的征服而来。人们头一次发现一
个与自己的世界毫无交互性的世界，迄今为止它都自给自足。
边界，划出一块人们可自由地、肆无忌惮地行使暴力的领域，
84 施米特正是着眼于这一新的空间中之自由。边界那一侧的一
切，都不受这一侧的法律、道德以及政治评价的制约。施米特
强调说，这也意味着给欧洲内部问题减轻了巨大的负担。臭名
昭著的边界理论（liniendenken）也正是在这一减负过程中具
有了国际法的意义。

人们可以在边界的这边与那边，在自然状态与法制状态之
间自由穿越，并通过其中一方的存在来更清晰地确认另一方。
这样就形成了超越国界的内部和外部道德，后者对前者有着批
判性的巨大辐射作用。因此，边界对面的"法外之地"逐渐
缩小，也影响着"法内之地"的人们对自由贸易与自由航行
的想象。施米特认为，全球化的边界理论将算数和数学上的规
则性应用到政治领域，人为地切割出不受法律与道德制约的地
区。"基督教政府认可法外之地的存在，将招致一切道德和思
想原则受到普遍的、恐怖的动摇。"施米特写道。这一灾难在
所有 17 世纪具有现代性的理论与学说中都能找到它的影子，
尤其是在帕斯卡尔的名言中："一条子午线就决定真理。"

友谊线是一种将普遍事物本土化的过程。契约、和平、友
谊这些概念，原则上只在欧洲——也就是线这一边的旧世界，
具有效力。所以西班牙人认为，某些契约在印第安——即美洲
85 是无效的。这种边界划分给人们以借口去作恶，甚至违反正义

的基本原则。它们同时也被用于道德哲学，对道德的普世有效性提出质疑。如果我们想一想 18 世纪时，各式各样的道德体系林立的状况，全球化的边界理论在当时的道德哲学层面实际上颇具现实意义。在这里，理性充当了一条边界，将符合理性的道德与拂逆理性的道德区分开来。道德间的边界不仅模糊了善与恶间的区别，它甚至有可能被用来重新划分善恶之界——这边是善，那边是恶。

这一边界理论同样侵入了本地道德。在这里，它只区分"自然的"道德与"非自然的"道德，使道德原有的确切性消失得一干二净。这么说来，边界理论在 18 世纪还算奏效。当时的哲学家们将新发现的世界看作一个尚未被人类文明所玷污的、自然道德的天堂。他们对新世界进行的"第二重发现"，树立起一种批判的道德观，将矛头指向文明社会。不过正如施米特注意到的那样，当地的原始居民既没得到任何好处，也未能免于被文明社会的规范所制约的命运。这种道德批判以间接的方式展开，隐蔽了人们在思想和道德层面上已经出现的动摇。另外，间接提出批判的这一做法，也左右着狄德罗那些趣味十足的思想实验，它将近与远、小与大置于两极，只有一条普遍主义的出路才能解决问题。

第十八节　丈量道德

1766 年，意大利启蒙主义者切萨雷·贝卡里亚（Cesare Beccaria，1738—1794）在他的名著《论犯罪与刑罚》中，几乎用与蒙田和帕斯卡尔同样的语言，描述了物理空间的地理学与道德地理学之间的裂痕："河流和山脉不但是某种实体的界

86

线，而且也常常成为道德地理的界线。"① 道德一旦翻过山、越过河就变了味。贝卡利亚对此所抱有的不安，远远少于他的两位先学。因为正是道德的地域局限性奠定了他的刑法改革的基础，这样一来，人们才有可能根据对具体的社会所造成的危害来科刑。要对危害定量的话，就必然要将法律限制在某一空间范围内："道德行为同物理运动一样，也有它有限的活动范围。它同一切自然运动一样，分别受着时间和空间的限制。"②

人们应考虑到，世上有如此众多的、彼此毫不相干的立法，这使得美德与恶习的定义变得模糊不清。正如人们为明确地球上各个地方的地理风貌而制作了地图，同样，人们也需要对各个道德领地进行测定，明确这里什么行得通，那里什么行不通。在这个过程中，人们认识到法律的概念是具有歧义的，法制的演变与国家的兴亡盛衰，又进一步加剧了这种歧义。这最终或许会导致法律的异时性（Ungleichzeitigkeit），因为上一个世纪的狂热常常给下一个世纪的热情打下基础。发现法律的异时性，可谓是贝卡里亚诸多的辉煌成就之一。贝卡里亚当时正试图凭借他的文案建立一个新的法观念，他不光是想废除残酷的刑罚和死刑，他更想将犯罪对社会所带来的危害树立为新的标准，来衡量犯罪。这一标准一旦得到认可，那些搅乱了法律概念、道德概念的歧义性也就被克服了。对贝卡里亚来说，人们对遥远处天体运动的测量，都远精确于如此近的人类社会中如此重要的道德概念（它们被热情与无知搅乱了），真是不可思议。

87

---

① 译文参照：［意］贝卡里亚著，黄风译《论犯罪与刑罚》，北京：中国法制出版社，2005 年，82 页。

② 译文参照上书，83 页。

　　道德和法律具有地理上的局限性。针对这一点，贝卡里亚不但没有提出非议，他还站出来，反对犯罪行为在任何地方都可受到处罚这一观点："有人认为，在君士坦丁堡犯下的凶残行为，可以在巴黎受到惩罚。其抽象理由是，谁侵犯了人类，谁就应受到整个人类的敌视和普遍的痛恨。似乎法官是凭借着人的感觉复仇，而不是一句约束着他们的契约来复仇。刑罚的地点就是犯罪的地点，因为，人们仅仅是为了那个地点的公共安全才被迫去侵犯某个人。"① 如果人们把对社会产生的益害当作衡量标准的话，确实可缓和立法与道德系统之间的冲突。但是，只要此处言及的益害仅是限于某一个社会中来做判断的话，哲学家们所梦想的覆盖全人类的法庭的到来还遥遥无期。在人们的道德感知能力尚未做好准备时，与其去奢望一个普世的法律机制，不如先在可掌控的社会之范围内，厘清犯罪与刑罚之间的关系。

　　如果益害，正如霍尔巴赫所言，"是衡量人类行为的唯一标准，使他人获益是人们造福同类的贡献"的话，那么对于贝卡利亚来说，这种幸福只能在可预测的时间内、在有限的地理空间中被实现。新的法制只能逐步扩展。而性急的哲学却不能在关于物理空间的空想中循序渐进地落实这一决定论，它要先从道德入手。巴黎哲人们满以为自己能够在道德领域宣布这种几何学无效，正如霍尔巴赫所做的那样："道德，是关于人类的个体之间，确定不变的关系之科学。"道德在这里被提升至科学的高度，它已与世界各地迥异的习俗、礼仪、信条毫无干系。道德哲学在这里得到结论，旅行者庞大的关于奇异习俗、异域习惯的记录，对道德没有什么大的影响。

88

———————

　　① 译文参照：《论犯罪与刑罚》，71—72 页。

对贝卡里亚而言，放之四海皆有效的司法权是个遥远的理
想，它不如解决眼下刑罚系统中的矛盾更紧迫。贝卡里亚认
为，死亡既是惊恐与感叹的对象，也成了怜悯的对象。这一现
象集中体现了上述矛盾：死刑的执行成了一场表演，人们赶来
看热闹，就像围观什么奇异事儿。但就当罪犯被处决的那一
刻，人们心中却会生出怜悯之情，好似那人遭受了不公待遇。
这里所体现出的矛盾，如果单纯采取对社会产生的益害这一标
准，是解决不了的。它的根源在人类心灵的更深处。

89　　　贝卡里亚关于犯罪与刑罚的论述产生了巨大的影响力——
陀思妥耶夫斯基的小说题目对其的借鉴也印证了这一点，这不
是因为他主张要对公共利害进行计算，而是因为他对当时在新
的刑罚标准下显得格外骇人的酷刑进行了描写。贝卡里亚建
议，人们应该不断努力使刑罚系统更加人性化，这就使许多传
统的刑罚手段显得尤其残忍不仁，甚至有一丝返祖的色彩。比
如烧死宗教异端的柴火堆，"烧焦的骨骼噼啪作响，还在颤动
的内脏受到煎熬，从人类躯体冒出的黑烟中传出嘶哑的、不成
声的哭泣。然而，狂热的民众却把聆听这哭声当作一种欣赏和
乐趣"。① 贝卡里亚平静的叙述在此处化为戈雅绘画中阴森可
怖的火舌。②

第十九节　唯一的道德

　　1764 年首次出版的《哲学辞典》在 1767 年出了增订版，

---

① 译文参照：《论犯罪与刑罚》，108 页。
② 作者所指的或是弗朗西斯·德·戈雅于 1793—1794 年所作油画《夜中火
光》。

作者伏尔泰在其中增补了一个短词条，对各式各样的习俗、礼仪所招致的令人无所适从的混乱，提出了一个极端简要的建议："世上只有一种道德，正如只存在着一种几何学。"人们对道德似乎有着五花八门的认识，但这是假象，事实上道德只有一个，它放之四海皆准，虽然人们并非总能将它辨认出来。这就跟在数学领域里一样：绝大多数人对数学一无所知，但只要人们稍微进行学习，便能迅速抵达同样的结果。同理，在道德领域中，"农民、手工业者、匠人，他们虽未专门上过道德课，但只要能用些许心去思考，不知不觉他们就成了西塞罗的门徒。印度的印染工、鞑靼牧人和英国水手，都有判别善恶之心"。

90

伏尔泰把道德与几何学做比较，发表了这一番言论。这样一来，比较诸民族的习俗、礼仪，从而对自然道德进行研究就显得十分多余。后一种方法，在追求普世道德时失去了意义。伏尔泰宣称，道德是所有民族共通的一种潜意识。这样一来，道德哲学家们大可不必去研究各种奇异的习俗。同样，那些曾对道德批判有着重大意义的讨论，比如关于道德规范的有效距离，或者地区性道德与普世道德间的矛盾，也得到了解决。但是一个新的、而且同样严峻的问题出现了，这就是各种道德奠基（Moralbegründung）之间的矛盾。由于该词条篇幅有限，伏尔泰未能进一步阐述这一问题。

不过即使有足够的篇幅，伏尔泰也没打算费力去在相互矛盾的道德信念之间做权衡。旅人们的札记对他来说无甚意义，伏尔泰对世界的判断只基于自己的所见所闻。在这世上，恶无处不在。重要的在于，一旦遭遇恶，人们就应与其抗争。伏尔泰将恶看作敌人，他要将眼下的世界里的头号大敌绳之于法。

"碾碎贱民（Ecrasez l'infame）！"是伏尔泰的战斗口号，他调度兵马，追捕着他的敌人。但直到伏尔泰的晚年，也就是他为陷入冤情的卡拉一家奔走之时，伏尔泰才算真正找到了与"恶"战斗的方式。

保罗·瓦勒里（Paul Valéry，1871—1945）试图重新解读晚年的伏尔泰在卡拉事件，以及其他蒙冤者的案件中挺身而出的行为。瓦勒里认为，伏尔泰在此时彻底转变了想法，他开始追寻一种新的联盟关系，即理性与同情之间的联盟："他以理性为出发点，所指向的却是人心。有什么能敌得过真理与怜悯的同盟呢？此二者皆唤起人心中最人性的部分，唤起人们自由、自我地，毫无仇恨、毫无恐惧地活着时，内心中活跃着的部分。"在瓦勒里看来，伏尔泰作为一支私人势力，介入到规制下的管理系统中，它虽未获得许可，却不惮于跟公权力做一番较量。伏尔泰通过两个元素将自己的行为合法化：一是他的动议所具有高尚的目的；二是他证明了，情况急需他的介入，或者说需要他的天才来介入。瓦勒里加了一句："我必须对此进行修正，他的天才、勇气与信仰。"这里所体现的是一种新的道德，它通过语言表达，以及语言表达带来的影响来使自己正当化，而不是通过其他。

瓦勒里不无惊叹地断定，通过对卡拉事件的考察，包括对这一事件的技术流程方面的钻研，以及伏尔泰赋予自己审视法律的权利，他扮演了一个新的审判机关之角色，虽然它尚不知自己终将起到何种作用。伏尔泰将机械的判决与法庭例行公事的冷漠驱逐出案件，将案件的详情带到"一位新法官面前。他尚不知自己是最终判决的决定者，亦不知自己的权限与权力之大小。这位新法官就是——人。伏尔泰在众人前引述法律条文"。

　　关于卡拉事件以及其他冤案的缘起，人们已经有所了解。人们需要追问的是，这些案件究竟在哪个环节上触犯了法律，以及它们是如何被法律、被体制内的法律执行者误判的。所以，一些有史以来就被看作是司空见惯的、早已在法律体系中确立下来的做法，人们必须认识到，它们是违背法律的可恶的行为。伏尔泰将檄文与公众推举到审判机关的高度，从现在起，他们有权指摘和控诉冤屈与不公。此前人们仅是隐约感觉到的不安，伏尔泰将其昭示于众；此前尚不存在的疑惑与良心的谴责，伏尔泰将之唤醒。他激发出一种迄今为止，被日常所覆盖着的、潜藏着的憎恶感。

92

　　伏尔泰发现了一桩此前从未被认识到的新的滔天罪行。瓦勒里充满激情地写道："伏尔泰宣布，世上存在一种反对人类、反对思想的罪行。他勒令要对此种罪行提出控诉。"刑罚，乃至秩序本身，都可能是一种犯罪，甚至在它们作用于另一些罪行时，亦不例外。公众为新出现的辩护人——人性——深受鼓舞。在他们的眼中，一名犯人完全可变身为一位法律的受害者，一位无辜的受害人。伏尔泰将犯罪事件放到公众的面前来断个清楚，这让原已奠立的秩序变成了一团糟，哪怕它在这之前是建立在合理的基础之上。受理法院的所在地不是图卢兹、巴黎或是所谓违法行为发生的地方。贝卡里亚的现地裁决原则在这里失去了用武之地，因为伏尔泰昭示于众的这种不公假定了，世上存在一种基于人类法典的审判权。

　　当伏尔泰通过笔伐迫使人们重新审视卡拉事件时，对同一个公正理念与多种法律体系的区别这一话题暂时被搁置。通过伏尔泰笔下的论述，无数在此之前对这一可憎的罪行尚一无所知的人，群情激昂地加入了为卡拉一家申冤的队伍。正是在这一过程中，人类的良知逐渐变得具体——在此之前，人类的良知从未拥有过这样一种表达手段，可允许它直接介入现世的秩序。"仅仅是用他手中的笔，"瓦勒里写道，"仅仅是用他的思想，伏尔泰就撼动了他身处的整个时代。"伏尔泰在此基础上进一步宣告，对比各种法律体系并尽力在其中寻求平衡的慢功夫，不是抵达人类普世正义的捷径；没完没了地征引各类习俗和礼仪，不可能抵达共通的公理。伏尔泰在他关于哲学的袖珍小字典《哲学辞典》中发出的不耐烦的抗议"世上只有一种道德……"听上去像是他在卡拉事件中的胜利之回声。伏尔泰所做的周旋和努力更是证明了，世上的确存在一种普世的正义感。这种正义感，体现在当它找到它的客体之时。这一客体，便是理性与怜悯在意外共同作用中逐渐清晰起来的"人"。

但我们不能忘记，伏尔泰在卡拉事件中出头，之所以显得惊世骇俗，正是因为他在《哲学通信》（1733）以后的文章中，制造出一种毫无怜悯的、对弱者不留一丝同情的氛围。所以他为了卡拉一家出头才显得非常突兀。他在此事件中所做出的努力，与包括贝卡里亚在内的启蒙改革们的追求大相径庭。因为他的同情并非源自同情本身，而是由冷酷的理智所推动，这使他的进攻显得格外有力。

第二十节　大国与小国

礼仪和习俗的多样性与相对性所引起的不安，在 18 世纪具有了一种新的性质：它变身为一种噱头。比如卢梭就曾在他讨伐《百科全书》、讨伐自己早期盟友之哲学的檄文《关于戏剧演出给达朗贝尔的信》中，这样写道："年轻的中国妇女在裙下半露出穿绣鞋的小脚脚尖在北京招来的灾难，比世界上最美的少女在台盖特山麓跳裸体舞所引起的后果还要大。"① 这个例子想必让狄德罗与他的同伴们吃了一惊。某个行为所引起的轰动效应，并不取决于人们主观臆想出来的某一自然基准，而仅仅取决于它所处的情况，以及此情景中的主流习惯。一个微小的闪失与一桩疑似的猥亵行为，可能同样会成为丑闻，一切都取决于惯例。在卢梭这里，故事结尾抖出的包袱不是礼俗的相对性，而是礼俗的坚不可摧。

随着地理大发现与全球贸易的展开，人们开始习惯于对各地不同习俗、礼仪的现状做综合概括。这使整个人类世界的景象支离解体，成为无数的碎片。区分人类的学问是如此发达，人们无法再问，是否有什么学说，对世上所有的人来说都正确。在卢梭看来，将理性本土化是必然的结果："民族与民族之间，礼俗、气质和民族性有着天壤之别。我承认人类是个整体，但在不同的地域、不同的社会规范、习俗与成见中，在不同的气候条件下被塑造出来的人们，彼此之间是如此千差万别，以至于我们根本用不着去寻找放之四海皆准的真理。我们需要确定的仅仅是，在特定的时间与空间内，对特定的人群来说什么是正确的。"人与人之间，不仅存在着差异，而且人们正是通过为区分彼此所建构出的差异，成了他们现在的样子。人们主动将自己与他人区别开来，这使得他们呈现出的样相无法被纳入一个普遍的概念之内。所以问题就变成了，人们总是要将自己的"道"变得具体化：正如米南德的喜剧不是为了罗马所作，也不会在罗马的剧场里上演一样，显得不合时宜。

---

① 译文参照：《关于戏剧演出给达朗贝尔的信》，载［法］卢梭著，王子野译《卢梭论戏剧》，北京：生活·读书·新知三联书店，2007 年，135 页。

其他的事情亦是同理。由于人们的认识能力受到时间与空间的制约，所以它只能是一种具体的认识。

95 　　直至某一个时间点，卢梭显然同意百科全书派哲人的相对主义，但同时，他将这种相对主义尖锐化，以至于它不再适合出现在关于自然道德或普世道德的思考中。《关于戏剧演出给达朗贝尔的信》中，卢梭驳斥了达朗贝尔要模仿巴黎在日内瓦建一座剧院的建议。卢梭在这里正是把相对主义作为论据，主张让本地的礼俗来做出决定。巴黎人觉得好的，日内瓦人未必喜欢；一个文化高度发达的，或者是颓废的社会中吃得开的，在执着于古老习俗和本地传统的社会中，未必行得通。

　　卢梭针对他旧日的盟友所挑起的、关于日内瓦剧院的论争，只是一场预演，真正的问题还在后面——普世的人类理性，是否应当承担规制具体社会秩序的任务呢？卢梭在这一论争中提出了一系列措施，来解除对理性的规制。比如，卢梭提出了一种对理性的不同理解方式——作为对付宗教辩论和宗教迫害的武器。他指出，由于人类的理性"不存在放之四海皆准的规范，那么每一个人，若要用自己的想法作为标准去要求他人，都是错误的"。任何个人的想法都不可能，也不应当作为衡量他人的标准。正因如此，我们应当停止对想法再做任何规制，因为任何想法都只能在有限的程度、有限的范围内成为共识。同时，由于人们的认识没有一条明确的界限，所以任何人都不可能摸得透他人认识的界限，因为他无法把握他人认识的特性与边界。卢梭认为，当人们承认这一现实，那些企图通过暴力或教条主义来逼迫他人改变信仰的行为就会宣告终结。人们用已知的所有标准来审视自己的想法，清楚自己是正确

的，同时意识到并不是每个人都会同意自己——这就是理性的
本土化所带来的经验。

卢梭要求每个人都意识到自己的想法和认识的局限性，这　96
对 18 世纪政治理论中核心的一课有着直接的影响，那就是关
于大国与小国之关系的问题。早在关于他的"第一论文"之
论争中，卢梭就已经于《给博尔德先生的最后回应》一文中，
明确反对将道德进行几何学式的分割："人们难以想象，怎么
可能用土地丈量仪之类的工具来测量道德呢？"不过他那时候
就相信，国家的扩张对国民的习俗或许存在着某种影响。卢梭
推测，领土与习俗之间的关系，也许跟人们通常的认识相反，
即小国的礼仪往往比大国更加发达。人们应当作一个比较：
"这二者之间一定存在着某种关联性，我只是不确定，这一关
系是否与人们认为的正好相反。"卢梭这一言论显然是在反对
过低评价那些小国、过分美化大国。如果道德评判的结果，与
那些大国的哲人们设想的相反，会怎么样呢？

由孟德斯鸠主导构建，作为一种普世理论得以适用的气候
决定论通过将社会规范与礼俗看作是特定气候条件下的产物，
在一定程度上缓解了多种社会秩序并存的问题。不过与此同时
又引出了一些其他的问题。卢梭在《社会契约论》中曾经简
要写道："同一个法律并不能适用于那么多不同的地区，因为
它们各有不同的风尚，生活在迥然相反的气候之下，并且也不
可能接受同样的政府形式。"① 这种将差异与多元进行相对化、
平整化的尝试，也带来了一个意外的后果，这就是人们也许会

---

① 译文参照：［法］卢梭著，何兆武译《社会契约论》，北京：商务印书
馆，2003 年，60 页。

对自己所继承的文化遗产，对自己有关美德的信仰感到不安。卢梭主要把这种道德上的存在不安（existenziell Unsicherheit）看作是某些大国的现象，"在这样一种彼此互不认识而全靠着一个至高无上的行政宝座才把他们聚集在一起的人群里，才智就会被埋没，德行就会没有人重视，罪恶也不会受到惩罚"。①

18 世纪的气候决定论曾经试图在大国与小国之间，在相互不能同化的社会秩序之间建立均衡。一旦理性开始被本土化，也就是说，当衡量各种不同社会的统一标准不复存在，当理性开始关注各个社会的内在价值时，气候决定论建立起的均衡关系立即变得不堪一击。这时候，重心开始从大社会转移到小社会。国家的规模太大，反而被认为是有碍于遵守严格的道德标准，不利于维持管理。卢梭认为，国家有一个理想的规模："一个体制最良好的国家所能具有的幅员也有一个界限，为的是使它既不太大以至不能很好地加以治理，也不太小以至不能维持自己。"② 这一论据，意在反对国家进行领土扩张的野心，它并非从列强们的势力角逐中得来，而像是立足于一个中立的落脚点。卢梭是想借此来着重强调一个尚未普及的看法，"社会的纽带愈伸张，就愈松弛"。③ 因为一个社会的聚合力在很大程度上是感性的，在这种情况下，情感被扩展、拉伸就变弱的法则同样适用。如果把国力等同于社会纽带的聚合力，那么可以认为，"小国在比例上要比大国更坚强得多"④。

---

① 译文参照:《社会契约论》，60 页。
② 译文参照上书，59 页。
③ 译文参照上书，59 页。
④ 译文参照上书，59 页。

人们完全可以把卢梭关于大国与小国的思索放到今天的语境来看。卢梭与孟德斯鸠的共识——并非每种政治制度都能适用于任何国家，已经初步具有生态政治学（politische Ökologie）的思想，即一个国家的政治形态，是它的人民在漫长的历史过程中，逐渐适应他们所处环境的结果。在卢梭这里，政治形态对客观环境的适应，走得比孟德斯鸠更远。后者仅是论及了一般的环境，而前者同时呼吁屏蔽跨国贸易所带来的影响，因为跨国贸易超越了气候带和其他客观环境所导致的差异，泯灭了各种环境造成的差别。卢梭看似中立的思索在暗地里不仅将矛头指向了跨国贸易（孟德斯鸠曾赞其为缓和习俗差异的现代力量），而且还否定了各种政治与社会革新。因为任何政治上的变革，都意味着对已然达成的人对环境的适应进行介入。

卢梭强调，惯性在一个具有适应能力的政治体制中起着重要的作用。他认为，一个民族的历史越是悠久，它受历史的制约越甚，要想介入改变它的现状，风险也就越大。不少人在这里看出了卢梭的民族主义保守姿态和他排外的政治构想。他最初在《社会契约论》中，为大社会所炮制出一些政治理论，但卢梭越来越倾向于将这些理论内在的普遍主义局限在某些小社会的特例里，比如波兰、科西嘉——正是这些国家，卢梭在晚期为其起草了宪法。他的政治理论逐渐变成了专为特例社会而准备的理论。他的生态政治学使他最终得到这一结论：同时代那些屈服于跨国贸易之游戏规则的大社会，已经失去了古典主义的政治形态。大社会在一个超政治的领域内运转，该领域自有它的规则。在这种情形下，卢梭认为，去保全那些目前尚

98

存在的民族之间的差异，要比努力实现一种超政治的大同更为重要。

第二十一节　共和主义的困境

99　　在 18 世纪，政治哲学将大社会与小社会区别来看，它们不光走向不同的命运，而且本身具有不同的属性。幅员辽阔、人口众多的大社会，适合处于君主或独裁者的统治下；而共和国，人们通常认为应该是古代小国寡民的城邦共和国那样的。这一想法通过孟德斯鸠《论法的精神》，成为思维定式。孟德斯鸠解释道，在一个共和国内，参加人民集会的人数有限，若非如此，人们便不清楚，究竟做出的决定能够代表全部人民，还是人民中的一部分，这就是公开决议的必要性。全民公决所能抵达的范围，就是共和制宪法的有效范围。与此相反，一个庞大的帝国需要的是独裁的权威，因为只有迅速做决定，才能克服疆域过大所带来的问题。

正如气候特征一样，政治形态对人们的行为举止也有着深远的影响。因为每一种政治形态也都拥有它自身的伦理道德，人们就在道德层面上被分为了大国的成员与小国的成员。在其中某一种政治形态中生活着的人们，完全无法理喻另一种政治形态中所形成的道德与风尚。孟德斯鸠将荣誉看作君主制的原则、美德看作共和制的原则，这引起了一部分人极大的不快，因为法兰西王朝的臣仆们认为，这样一来，他们就与美德无缘了。按照这一学说，人们不可能乖违现有的政体，而且这两种道德范式之间的壁垒也是坚不可摧。

100　　但在 1787 年至 1788 年，人们发现了一条出路。亚历山大·汉密尔顿（Alexander Hamilton，1755—1804）与詹姆斯·麦迪逊（James Madison，1751—1836）在《联邦党人文集》的篇章中，给欧洲的政治理论和政治传统带来了新的转向，他们将辽阔的国土——以往被看作是共和制自由最大的障碍——作为美国式共和自由的基础。孟德斯鸠曾在《论法的精神》中指出了共和国的困境：它命途多舛，且极不牢固，看上去迟早得走向灭亡，"一个共和国，如果小的话，则亡于外力；如果大的话，则亡于内部的邪恶"①。大小适中的国土，既是共和制政治形态的基本原则，同时也宣判了共和制的死刑。任何建立广袤的共和国的企图，都将遭遇失败。

汉密尔顿偏巧在孟德斯鸠那里，找到了解决上述困境的办法。孟德斯鸠在《论法的精神》中论及古代联邦制共和国的章节指出，各个小国结成同盟，或能使共和国长久地存在下去。如果不采取联邦制，共和国就不可能存在。孟德斯鸠本身也意识到，如果共和国无法在此困境中找到出路的话，其将面临多么险恶的命运。"要是人类没有创造出一种政制，"他写道，"既具有共和政体的内在优点，又具有君主政体的对外力量的话，则很可能，人类早已被迫永远生活在单人统治的政体之下了。"② 孟德斯鸠教导人们，只有联邦共和国才"能够抗拒外力，保持它的威势，而国内也不致腐化"。③ 也就是说，只有这种社会形式才能解决共和国的困境。

---

① 译文参照：［法］孟德斯鸠著，张雁深译《论法的精神》（上卷），北京：商务印书馆，1995 年，130 页。

② 译文参照上书，130 页。

③ 译文参照上书，131 页。

101   这一章节启发了汉密尔顿。他在《联邦党人文集》第九篇中建议做一个政治制度尝试：民治政府的软弱，可以通过"扩大这些制度的运行范围"① 来进行补救。这种绝望的尝试旨在通过将缺点扩大化来解决它。这也是联邦党人唯一一次详细地征引一位现代政治理论权威的话。当汉密尔顿毫无偏见地将这一古希腊罗马时期的模型放到现实中时，他倒没有被现实中每一个联邦州都比古典城邦制国家要大得多这一事实而迷惑。孟德斯鸠给小共和国设计的命运过于凄惨，人们不必为此太过纠结，否则就只能——汉密尔顿根据孟德斯鸠描述的共和国的困境推演——"要么立刻投入君主政体的怀抱，要么把我们自己分裂成互相嫉妒、互相冲突和动乱的小州，成为不断冲突的不幸温床或普遍怜悯或藐视的可耻对象"②。联邦党人相信，他们在孟德斯鸠所提出的联邦共和制的政治形式中，找到了办法来解决这一长久以来的难题：自由与政治稳定的两全。

       通过将缺点扩大化来解决它堪称是个奇迹。联邦党人又提出了一种对代表和代理人的崭新理解，来完善上述伟业。这一手段能够克服联邦疆域太大所带来的弊病。由于领土广袤，联邦的人民无法亲自管理政府，所以看上去，要重建古希腊罗马时期的城邦共和国不大现实。但如果人们以选举代表的方式来代替直接投票，那么人们也许能在辽阔的国土与共和政体的理

102   想之间寻求妥协。与以往代议制的各种形式不同，联邦党人所

---

       ①　译文参照：［美］汉密尔顿等著，程逢如、在汉、舒逊译《联邦党人文集》，北京：商务印书馆，1989 年，41 页。
       ②　译文参照上书，41 页。

提出的代议制，主要是克服每个联邦州，以及整个联邦的幅员辽阔的问题。它实际上是一种将共和政体的自然范围转变成为政治范围的技术手段。

詹姆斯·麦迪逊在《联邦党人文集》的第十四篇中解释道，民主政体的自然范围是从中心点到达这样的距离：它最好使最远的公民能因公务需要而经常集合；而共和政体的自然范围，就是从中心点到达刚好使代表能因管理公务需要而集合的距离。这里的公务，仅指那些涉及所有联邦州，但不能由单一联邦州自行解决的那些公务。这一制度的运行范围之边界，不是一般意义上的自然边界，因为它可通过交通手段的发达而被改变。所以，联邦的首要任务之一是改进公路交通、增铺公路。就这样，公路建设被写入了宪法。

在美利坚合众国这样庞大的共和政体中，自然的空间被转换成为政治的空间，它实现了一个空间秩序的转变。"关于巨大共和政体的实验"解决了困扰着《论法的精神》的读者的难题。因为在一个巨大的共和国中，属于这种政体的美德也变得更加多元化了。在这里，原本专属于小范围共和政体的高尚道德，与原本属于辽阔君主政体的荣誉得以结合。这一新的结合可能性在《联邦党人文集》的著者上也有所体现：狂热的共和主义者麦迪逊，与中央集权信徒、美国的首位爱国主义者汉密尔顿走到了一起。

第二十二节　平等的边界

103　　　1831 年 4 月，年仅 25 岁的法国贵族托克维尔（Alexis de Tocqueville）与友人博蒙（Gustave de Beaumont）申请停薪留职，远赴美国逗留两年时，二人原本是应司法部之请，研究美国的刑法制度问题。当二人抵达美国后，原先的计划立即显得太局限，没法容纳下他们对美国各种各样的印象。托克维尔越来深刻地受到琳琅满目的美国印象之启发。他认为，"我们能够通过法律和风俗，来实现一个必将到来的、完全平等的社会"——他在日后回首美国之旅时这样写道。托克维尔完成了他当时与博蒙一起承诺的任务。在 1833 年 1 月，他们关于美国劳教制度的报告《关于美国的监狱制度及其在法国的运用》出版。不过托克维尔后来提到，他对本书的贡献仅限于一些评语与注释。

　　　托克维尔自己的宏大抱负———一部分析美国民主制度的巨著，一经付梓很快受到了世人的瞩目。托克维尔发现，美国生活的图景为欧洲所提示的不是过去，而是未来。这个巨大国家的风俗与政治制度总有一天会成为欧洲模仿的对象。托克维尔《论美国的民主》的上卷出版于 1835 年，它所引起的空前反响是五年后问世的下卷不能企及的，虽然下卷在审视美国式民主的风俗与文化时，甚至比上卷更富有独到的见解。

104　　　在《论美国的民主》之下卷中，托克维尔提到了一个问题：民主制对情感扩展的影响。他认为，人们对自己的同胞抱有真诚的共感，也就是说，同一阶层内的人们之间存在这种感情。在贵族制国家中，这种情感的有效范围有着明确的局限。出身于法国贵族阶级的托克维尔，在着手研究民主制中的民情构造之前，先让人们温习了一下封建社会中的民情："这种义务不是对自认为应当互助的人尽的，而是主人对家奴或家奴对主人尽的。封建制度所唤起的同情心是针对某些具体的人的遭遇，而不指向人类普遍的困境。"① 这种情形下，民情的风气主要表现为慷慨侠义，而不是温文尔雅，而且它虽然激发了伟大的自我牺牲精神，却不曾孕育出真正的共感。

托克维尔强调，人与人之间，通过民情的浓淡所反映出的相互义务，不由自然法决定，而是由政治制度决定；换言之就是从社会关系中产生，而非根植在人性当中。早在人们试图让手足情、同胞爱覆盖整个人类以前，这种情感在漫长的历史中一直具有排他性。在封建社会和封建社会刚刚结束的时期里，人们的冷酷无情可谓令人发指，但这并不是由于当时的人们受教育的程度低，这是贵族制社会中政治形态所引起的结果。在贵族时代，人们对不同阶层的人群所抱有的情感有亲有疏，这倒不是说贵族对老百姓一贯仇视或历来轻视，当时国内的不同阶级之间还没形成明确的对立。托克维尔认为："促使他们（贵族——译者注）如此的，主要的是本能，而不是感情。由于他们对穷人的苦难没有明确的认识，所以对穷人的命运也就不太关心。"②

托克维尔认为，当封建制度崩溃时，一般庶民所表现出来的残酷也是源于贵族制社会的特性：人们对自己阶层以外的人毫不关心。他引用了赛文涅夫人的一封信作为具体事例，这封信论及 1675 年布列塔尼地区反对薪税骚动的情景："前天，一

105

---

① 译文参照：[法]托克维尔著，董果良译《论美国的民主》（下卷），北京：商务印书馆，1989 年，701 页。

② 译文参照上书，701 页。

个开舞厅的小提琴师，因偷印花税而被车裂。他被五马分尸，并将他的四肢放在城市的四个角上示众。已有六十名市民被捕，明天开始治罪。这个地方为其他地方树立了良好的榜样，叫其他地方也尊重总督及其夫人，不得往他们的花园里投石头。"① 几天后，她又来信补充道："我们这里已经不再施行车裂了。为了维护正义，每周只杀一个人。不错，我现在认为判处绞刑已经算宽大了。自从到了这里以后，我对于正义的观点已经完全改变了。在我看来，你的那些曳船奴隶，真是一伙不问世事而使生活安宁的好人。"② 这就是那种轻薄的贵族式口吻，伏尔泰也曾在伸张正义的笔伐运动中对此进行了抨击。托克维尔引用赛文涅夫人的事例，想要说明的是，那个时代贵族对于贵族圈子以外的人的苦难一无所知。而在今天，托克维尔接着说，哪怕是最残酷的人在同样的情形下也不敢开这样的玩笑。

他最后提出这样的问题："是我们现在比我们的祖辈更有感情了吗?"③ 托克维尔对此进行了否定，虽然他承认人们的感情已经扩展到了更多的人身上。托克维尔显然自诩为民主时代的公民——在民主的时代，每个人都可迅速洞察其他人的思想与感受，轻易感受到他人的任何苦难。不论是面对朋友或敌人，人们能够借助一种省察力，进入他人的角色，同时也融入自己的个人经验。"这种省察力使人们在他的同胞受苦时，自己也感到煎熬。"但同时托克维尔也认为，人类普遍的道德水准在下降，热情也在减退，不过这恰恰是扩展同胞爱的前提条

106

---

① 译文参照：《论美国的民主》（下卷），702 页。
② 译文参照上书，703 页。
③ 同注②。

件："在民主时代，很少有一部分人对另部分人尽忠的现象；但是人人都有人类共通的同情心。谁也不会让他人受无谓的痛苦，而且在对自己没有大损害时，还会帮助他人减轻痛苦。人人都喜欢如此。他们虽不慷慨，但很温和。"① 同胞爱在扩展的过程中，动用到了热情的储备量。在民主制度中，由于对象的增加使得浓度变低的同胞爱，与民主制度的支配原则——利己主义——达成了相互妥协。

同胞爱本身被看作是高尚的美德，但它不直接指向任何现实行动。托克维尔认为，刑法中的宽大态度充分体现了民主制度下这种典型的民情。他注意到，美国在过去的五十年里无一例死刑案。而且美国奴隶的待遇，也比欧洲在新大陆的殖民地要更好些。托克维尔在这儿的论断不无问题。由于奴隶的待遇让他想起了贵族时代的民情，于是他拿欧洲贵族时代的情况，而不是欧洲新生的民主时代作为比较的对象。在美国的民主中，奴隶制成了上一个时代所遗留下来的一块飞地，民主时代的民情在这一领域中失效了："一个人会对和他某一时期平等的同类极为人道，而当这些人不再与他平等时，他便会觉得他们的痛苦无关痛痒。"②

旧世界中，人们与同胞的关系法则，同样适用于平等的新世界。这解释了为何美国人一旦越过他们的国境就变得冷漠无情，对于生活在那里的人之遭遇，从未表示出关心和同情。同情心的有效范围，也就是平等关系的范围。于是托克维尔认为，他在美国所看到人们温和的态度，直接源于新大陆的人与

107

---

① 译文参照：《论美国的民主》（下卷），704 页。
② 同上。

人之间的平等——无论是真实的平等或者是虚伪的平等。如果说，在民主制度内，人们更富有同情心这一现象不是源于人与人平等，而是源于文明和教育的话，那么托克维尔的观察应该得到另外的结果。

人们的行为越来越温和，这一进程将不会止于政治秩序的边界，而会波及全人类。但我们能够设身处地予以共感的人群范围，小于平等所覆盖的人数。在民主时代，人们表面上似乎关心着全人类，但实际上他们只考虑自己的同胞。在他们的国境线之外，托克维尔观察到，美国人的做派跟贵族时代的欧洲人一般无二。

第二十三节　封闭社会与开放社会

"封闭社会"与"开放社会"之间的对立关系，由亨利·柏格森（Henri Bergson，1859—1941）在他 1932 年出版的著述《道德与宗教的两个来源》中头一次提出。他刻画出两种本质完全不同，但彼此之间可相互转化的社会类型。柏氏的"封闭社会"，类似与 18 世纪哲学中，成员们紧密团结在一起的"小社会"。在 18 世纪，这种小社会零星存在，人们——例如卢梭——想方设法地让它们变得强大起来。而在柏格森的时代，"封闭社会"的典型是人类社会最原始的状态。他对"封闭社会"的描述中，有着卢梭的影子："在封闭的社会中，成员凝聚在一起，对其余的人类社会漠不关心，总是警惕着忙于自卫，随时准备进行战斗。人类社会刚刚出现于自然界时就

108

是这个样子。"① 按照这一学说，封闭社会可谓是人类社会本身，它的对立面——开放社会——只能在与它的关系中被定义。封闭社会只能由内而外地开放，只能是自发地开放。所以开放社会就潜藏在封闭社会之中。

柏格森指出，如果世上只存在唯一的一个封闭社会，那么人们就无从得知开放这一观念。小社会、小群体最初也是最重要的走向开放的契机是战争，虽然战争本身集中体现的是封闭社会的原则。当一个封闭社会采取战争手段来防御外敌、进行自卫时，它在为保卫封闭性而战的同时，被引向开放。与此相反，一个在通常情况下向所有人开放的社会，也会通过战争，重新变成一个远古社会那样的封闭社会。在战争中，开放社会原有的一些原则会暂时失去效力，比如人们不再笃信，每个人都对任何人肩负着责任。这时，在文明社会的内部，人类在上古时期古老的封闭社会就会重新出现。或许跟弗洛伊德一样，柏格森也是经历了第一次世界大战后产生联想，远古的事物会重返现实。

不过，封闭社会与开放社会之间的转化关系，不仅限于这种非常状态。柏格森认为，每个开放社会中都潜藏着一个封闭社会，因为无论一个开放社会的规模有多大，都总有被其排除在外的人群。此外，封闭社会与开放社会中的道德存在发展阶段上的先后关系，开放社会中的道德是对封闭社会的道德进行扩展才出现的。从表现形式上来看，开放社会中的道德，似乎不过是家庭道德与部落伦理的升级版。比如爱国心或爱国热

① 译文参照：［法］亨利·柏格森著，王作虹、成穷译，陈维权校《道德与宗教的两个来源》，贵阳：贵州人民出版社，2000年，233页。

情，都旨在将一个集团凝聚在一起，这与原始社会的情况一样。柏格森又解释道，任何一个社会，在一般情况下、在常态之中（即和平状态下）都同时具有开放社会和封闭社会的特征。原始的本能能够穿越时间，在现实中若隐若现，时不时地提醒人们认识到封闭社会是所有社会之本源。虽然这种本能并非为开放社会所生，但它可通过扩展同情与共感之情，激发爱国主义。

按照上述感情扩展的原则，同情与共感之心要扩展至人类全体："我们的同情被认为是在不间断的连续中扩大的，一方面扩展，一方面又保持着同一，最后以对整个人类的拥抱而告终。"① 人类之爱没有它具体的对象，它必须先指向一种虚无，以便能够折返，作用于现实：人类之爱只有被充分扩展，才能做到使整个人类成为它的对象。柏格森将这一过程与一种美学上的经验作比较：阿尔卑斯山本身不能给予人们一种新的对自然的感受，人们必须先将这一感受投射至阿尔卑斯山，山又将其反射回来。柏格森认为，人类之爱与此类似，它首先要投射至虚无，然后反射回现实。人们首先是爱自己的亲人与朋友、自己的部族与国家，在这种情感不断扩展的过程中，最终拥抱整个人类。这样的话，即使被扩展，最终的人类之爱，与人们最初对家庭、部族和国家所抱有的情感是一模一样的。

柏格森也认识到，这种情感扩展的模式是根据几何学的想象推演而来的。而且在现实中，情感是通过纳入更广的对象，而不是通过直接的感受来进行扩展。柏氏虽然确定，在家庭与社会之间、在封闭社会的道德与开放社会的道德之间，的确存

---

① 译文参照：《道德与宗教的两个来源》，24 页。

在某种连续性，但我们必须注意到，社会与整个人类之间依然存在着一道鸿沟。在这里，封闭社会与开放社会之间原本存在的对立又再次被激化："在我们生活于其中的社会与一般的人类之间，也存在着如同封闭社会与开放社会之间的那种对峙。"① 这样的话，即使人们对同情与共感的扩展表示多么乐观，人类之爱都没法克服封闭社会与开放社会之间的鸿沟。那么人类之爱是否真的能覆盖全人类呢？这又成了避不开的问题。虽然柏格森确信，人类之爱与故乡之爱的区别仅仅在于前者是间接的、后天习得的，但我们仍不能确定人类之爱是否有可能具有故乡之爱般的深厚，不知道是否能在整个人类范围内，建立每个人与他人之间的情感联系。因为任何形式的同胞之爱都是一种排外的感情，它在原则上是通过排除他者才成立的。

柏格森洞察到，我们只能迂回地走向人类之爱。为了向极限推进，达成一种彻底的道德，人类需要预言家、圣贤和品德高尚者，他们提供了关于"另一种道德"的启示和感召。他们的存在或他们的信条散发着光辉，指引人们走向另一种道德。柏格森认为，"另一种道德"对人类走向大同世界来说十分必要，它将原本被看作道德楷模的行为转化成人们的日常行为。

但"另一种道德"是独立的道德，还是必须建立在第一种道德之上的补充和升级呢？按照柏格森的解释，它应该是"人的道德"而不仅仅是"社会的道德"。在任何一个社会中，作用于个体的压力将通过"另一种道德"转变成观念上的压

① 译文参照：《道德与宗教的两个来源》，24 页。

力。柏氏想象道，最初体现在圣贤和先知者身上的"另一种道德"，它对第一种道德会产生这样的影响：现有的道德情感将逐步溶解，然后再融入到未来的人类之爱中。人们肩负的社会责任逐步扩展，直到以整个人类为对象，但同时也逐渐变淡。逐渐松绑的道德紧箍咒，也会慢慢让人们感到"我们也才领会到或感受到一种新道德的出现"①。柏格森清醒地认识到，在上述过程中，人类之爱只可接近不可到达，因为它的对象太过庞杂，所以不可能存在一种独立的、直接的人类之爱。

综上所述，柏克森努力试图将道德进行扩展，但其终究无法弥合开放社会与封闭社会之间的鸿沟。为了实现人类之爱，还需要另外一种来自别处的道德，它必须超越每个人身上预先设计好的行为范式，才能够让爱与共感覆盖整个人类——不论"整个人类"作为道德的对象是多么含糊不清。柏格森像念咒语般狂热地断言，"开放的灵魂"于这世上无处不在，它是塑造新人类必要的元素。为了进一步接近这一神秘的咒语，扩展的逻辑是不可或缺的。扩展是一系列的阶梯，当人们抵达最终目的时，就可将其抛弃。柏格森毫不怀疑，会有越来越多的社会通过逐步扩展道德，从民族主义过渡到普世仁爱，普世仁爱也将波及越来越广的人群。柏氏同时也清楚，这一发展过程必须汲取远古社会中之本能的力量，才能够保障在不停扩展的过程中逐渐变淡的情感能够不断再生。即使道德的扩展暂时还无法推动人类进入新道德的阶段，这种本能的力量也是不可或缺的，它维系着眼下的社会与它在远古封闭社会中的根源之间的联系。

① 译文参照：《道德与宗教的两个来源》，28页。

大同社会不可能单纯通过开放的机制来实现。大同社会只能依靠个别为人类的转型铺路的少数人，通过他们的道德梦想开启的缝隙，来获得实现。在极个别的瞬间，新的事物注入社会之中，立刻就被吸收进去。现在，"生命冲力"（elan vital，柏格森发明的著名术语）带来了越来越多这样的瞬间。柏格森认为是生命冲力迫使远古的封闭社会开放。那些杰出的人们，生机勃勃的信仰之代表者，他们对这种冲力加以利用，在一瞬间给其以方向，之后让社会自身来消化这冲力。

柏格森想到的是，现存社会曾经被个别人的追求所左右，比如那些在人类历史的记忆中留下脚步的神秘先知，他们的教理逐渐在每个人的心中扎根。柏氏脑中所想的是《旧约》中的先知，他们的启示曾将正义带入人间；是基督教的教理，它在人类史上首次宣扬了博爱精神；柏氏同时也知道，这些感召经历了多长时间才开花结果。他写道，又过了两千年，人权观念才通过美国的清教徒和法国革命被带入人间。这也是封闭社会内的道德缓慢地逐步扩展之结果。柏格森解释道，如果没有扩张的动力介入，就不可能有这一缓慢的过程，"自我扩张的迫切需求、自我延伸的强烈冲动，冲力、动力……这一切都出于犹太—基督教的本源"。当柏氏设想着最终开放社会中的伦理精神时，他同时也呼唤着这一传统中具有的生机与动力。也许他是把自己看成了开放社会的先知之一，人类社会的一名神秘主义者。

柏格森所设想的画面中止于一种巨大的神秘主义，他像呼唤神灵一般，道出了自己的愿望："神秘天才人物一旦出现，他身后肯定早已经聚集了不断增加的人群，而且他们的灵魂也

113

已经被他改变了。"① 但如果没有伟大的特殊人物显现，新的
人类就不可能出现。《道德与宗教的两个来源》的结尾写道：
"人类在呻吟，快要被他自己的进步压碎了。但人还没有意识
到，他的未来启示就在他自己手中。人类的任务是首先确定他
是否想继续生存下去。因此，人类的责任是确定，他是否仅仅
要求活下去，还是想做出额外的努力，这种努力是在这个难以
对付的世界上完成宇宙的基本职能——制造神灵——所必不可
少的。"②

就在柏格森对人类迈向开放社会极尽赞美之时，保罗·瓦
114　勒里于 1931 年在他的论文集《现实世界之观察》中写道：
"世界的封闭时代正在到来。"瓦勒里所言的大意为，开放社
会最终击败了封闭社会的这一假想，并招致一个完全封闭的世
界。人们首先记录下现有的一切，对现状笃信不疑。如此一
来，这个社会必不能辨认内外，也没有出路通向外面。由于这
种社会是通过某一精神原则的胜利而建立的，它将会制造出毫
无缝隙的铁幕。这，将是历史上第一个无法开放的封闭社会。

---

① 译文参照：《道德与宗教的两个来源》，272 页。
② 译文参照上书，277 页。

第三部

遥望远处的灾难

里斯本变成了废墟；巴黎，人们还在跳舞。

第二十四节　在里斯本，一切都很好

1755 年 11 月 1 日，当里斯本的居民还在庆祝万圣节时，一场地震袭击了这个城市，将里斯本大部分的教堂以及 2 万栋建筑变成了废墟。当时里斯本的人口约 26 万，其中 1 万至 1.5 万人在地震中失去了生命。事发伊始，人们对伤亡人数的估计远远超过了实际情况。在头一个星期，相传这场恐怖的灾难夺去了 15 万人的性命。在欧洲各地，人们都在谈论里斯本大地震。此前还未有自然灾害能引起如此广泛的关注。特别是，这场地震在哲学领域也激起了不小的波纹，伏尔泰、卢梭和康德都曾对此发表过见解。

伏尔泰迅速将莱布尼茨关于"所有可能世界内最好的一个"的理论，和亚历山大·蒲柏（Alexander Pope，1688—1744）的哲学乐观主义以及他的名言"任何发生的事，皆有道理"① 与此次地震联系在了一起。在四年后出版的小说《老实人》里，主人公九死一生逃出里斯本的地震与火海，"吓得魂不附体，目瞪口呆，头里昏昏沉沉，身上全是血迹，打着哆嗦，对自己说道：'最好的世界尚且如此，别的世界还了得？'"那种企图把世界上的恶，折算入整体之善的哲学，被里斯本的地震证明是荒谬的。于是伏尔泰迅速找到机会，从不

---

① 德文和法文翻译中，此格言皆译为"一切都很好"。

幸的事件中提取出论据，针对天命说展开批判。伏尔泰立足于
自然的灾难，制造了一场针对哲学家和神学家们的灾难。五个
月后，也就是 1756 年 3 月，伏尔泰的诗《里斯本灾难哀歌》
出版。这时，他针对哲学乐观主义的讨伐已经达到了一个
高潮。

　　地震发生两周后，消息才从里斯本传到巴黎和伦敦。伏尔
泰当时住在日内瓦，他首次提到地震是在 11 月 24 日写给他的
医生及亲信让·罗贝尔特·特罗岑的信中："您看到了吧，先
生，多么可怕的灾难。人们若是去思考，万物之运动法则是如
何将这骇人的灾难带到这最好的世界，他们恐怕会陷入苦恼
吧。"伏尔泰立即明白了，地震事件能够为驳斥神义论提供怎
样的反论，虽然在几天之后，他才明确提到了贯穿地震事件终
始的关键词——乐观主义。他说道："这对乐观主义来说是多
么可怕的反论啊！"在伏尔泰看来，人生处处是偶然，人生本
是"偶然编织成的悲剧"。不过在他的惊愕中，也掺杂着稍微
明朗的情绪，因为地震并没有放过他的敌人们，它正好发生在
一个对布道者和狂热信徒来说极富吸引力的城市。伏尔泰认
为，这些宗教狂热分子应当从地震事件汲取心得，停止宗教迫
害——"因为当几个流氓正要烧死个把狂热信徒时，大地把
他们全都吞噬了。"当哲学乐观主义的结论在灾难的背景下变
得不堪一击时，伏尔泰在其中看到了希望的火花——这一事件
或许会给他针对宗教狂热和笃信的战斗带来转机。里斯本的大
地震成了他讨伐教会、耶稣会和宗教狂热的新的有力论据。

　　在他给特罗岑去了第一封信之后又过了两天，伏尔泰引入
了一种新的视点来看待不幸。当时在日内瓦，有些人担心新的
地震也许会在他们的附近发生。人们听说，在加的斯、塞维利

119

亚和一些其他的城市都感到了余震。一天，当从法国过来的邮车没来，人们确信一定是邮车路途上的某一个地方地震了。由于日内瓦距里斯本很远，人们起初觉得自己身处的环境还算安全，但逐渐也开始涌现出怀疑的声音。这不光涉及情绪与情感，也涉及利益关系。因为里斯本与日内瓦之间的经济往来，比其他欧洲商业城市要来得紧密。人们在为葡萄牙和西班牙的受害者与灾民的命运扼腕时，同时也担心日内瓦在此次灾祸中会遭受经济损失。当然，人们有足够的理由为自己担心。伏尔泰也曾在同情受害者之命运，和担心自身安危之间摇摆不定。最开始他固执地决定，勿要浪费时间来考虑自己的安康："灾难发生以来，我再也不敢抱怨自己的绞痛了。"他认为个人在如此巨大的动荡中，不应考虑自己的家长里短。但过了一阵子后，伏尔泰改变主意，认为人们的确不应当把自己的营生置之度外。

当日内瓦商人尚不能预计这场发生在远方的灾难会在多大程度上波及他们的生意时，人们很快发现，里斯本的重建将十分有利可图。人们同样明白，长远看来，英国人将是其中最大的获益者。在这里，我们看到了不幸中之幸。有些人在地震中送命；有些人靠这不幸来赚钱。于是，在这不幸的一年的 12 月 9 日，伏尔泰用他一贯的一语双关的修辞法写道："在里斯本，一切都很好。（Tout va bien à Lisbonne.）"在经济领域，伏尔泰使用他十分厌恶的、神义学中权衡善与恶的方式，来权衡利与弊。

在 12 月里，受害者的人数首次经过修正。根据修正后的数据，约有 2.5 万人在地震中丧生。正如其他与里斯本地震有关的一切，这一消息也给伏尔泰提供机会来挑起争端，挖苦当权者。他写道，国王们显然是没本事提供关于他们臣民的可靠数据，但每个商人都对自己的损失清清楚楚，这是因为商人会对自己的收入记账。这类风凉话，还有报纸上的消息——比如在意大利，人们开始排练新的歌剧曲目了；巴黎新斥三千万重金发行一种新的彩票；有新的剧目被搬上舞台。这种种，是显示人们已从灾难引发的震惊中恢复过来的最早的信号。

　　到了年底，伏尔泰开始准备备忘录，为了撰写关于里斯本地震的诗篇。他在书信中，从一而终地将人们对地震的反应做了详尽的记录。伏尔泰围绕这一事件的写作方式，与其说是诗篇的准备工作，不如说更像是新闻性的调查工作。当伏尔泰在几个月后，终于将他的两部哲学诗篇《里斯本灾难哀歌》和《自然法之诗》付梓时，我们可以看出，他最初在书信中所显示出的一些想法，在诗中得到了充分的展开。比如，他对笃信者与宗教狂热分子幸灾乐祸式的讽刺，在《自然法之诗》中变成了一段诗句，以新闻报道的形式确认了一种通往焚烧犹太人的倒退——"在里斯本，烧死的犹太人更少"[①]。在关于里斯本地震的诗篇中，伏尔泰正如他在书信中所做的一样，提出这样一个问题：这个已不复存在的大都会，比伦敦或者巴黎的罪孽更深吗，以至非要让它在淫乐中覆灭？伏尔泰为这一念头想出了新闻式的独一无二的精准表达："里斯本变成了废墟；巴黎，人们还在跳舞。"这就是此后不断以各种方式出现的、形容人们对遥远处的不幸无动于衷的惯用表达。伏尔泰这一脍炙人口的表达对道德情感的理论颇有贡献。人们如今处于一个

---

　　① 原文为法文，此处根据英译"At Lisbon, fewer Jews in flames expire"译出。

消息传得快，但情感扩展得慢的世界，人们知道得多，也忘得快。

第二十五节　恐惧与怜悯

伏尔泰以哲学教育诗的形式对里斯本大地震进行回应，这在当时看来不大与时俱进。十年之后，在他为蒙冤的让·卡拉恢复名誉而进行的笔战中，伏尔泰有好几个月埋首于案件中，却不曾针对卡拉案发表诗篇。伏尔泰对案件中各种审判不公的情况进行了调查，详读案件卷宗，收集各种资料，于 1763 年将他对此案件的调查结果出版为一篇关于宽容的长论文《论宽容》——顺便提一句，这一案件因伏尔泰在书信中频频提及，已在整个欧洲引起了注意。伏尔泰没有为卡拉写下任何诗篇。那些散文体檄文、宣传小册子、新闻式的讽刺文，有效地帮助人们认清不公与悲惨，辨别是非，树立正确的立场。一种新的、更强有力的情感取代了怜悯：这就是出于人道的愤怒。当人们的理性被践踏，便会生出这种情感，它能够增强理性的决断力。以这一目的为中心，我们就能够将伏尔泰对里斯本大地震的反应，和他在卡拉事件中的行动之间建立某种联系。在这两个事件中，对某一不幸所感到的惊愕都转化成一种激烈的控诉，前者是针对天命说，后者则是针对法律系统。

伏尔泰清楚地认识到，人们对事物的介入能力是有限的。对于远处发生的不幸，人们只能抱有一种间接的怜悯。对于将世间的不幸与恶加以阐释和正当化的神学、哲学系统，伏尔泰想要撼动它们，来给人类开辟一条新的道路。这是一种新的、对受难的理解，它必须取代教条主义式的对世界的阐释，它不受想象的干扰，并且能够激发人们去介入和帮助。这就要求人们对不幸，以及其原因有更加深入的认识。伏尔泰在他关于世界各地自然灾害的长篇书信往来中，抵达了问题的答案；在不幸的卡拉事件中，他同样是通过一封信而注意到这个问题。当伏尔泰在 1756 年 4 月得知秘鲁附近城市基多（今厄瓜多尔首都）的地震细节时，他想起自己在里斯本大地震中写下的一系列檄文，叹道："这比里斯本的情况还糟，大地整整晃动了三个月。在欧洲、美洲和非洲，所谓的'一切都很好'好像有点陷入无序。在亚细亚、波斯和印度斯坦，时常上演着血腥的戏。"伏尔泰的舞台是整个世界，而且他把不幸与不公合起来，看作是一座巨大的受难之山，连神学家和哲学家们也无法应付了。

123　　伏尔泰对里斯本地震的论述中，始终贯穿着一句讽刺的口头禅："一切都很好。"这一来自哲学乐观主义的名言在这里具有逼使人们对自身境况进行清醒反思的意味。人们在世界上失去了生存的家园。面对这样的困窘，伏尔泰采取的姿态理性且勇敢。虽然带着点幸存者的些许自以为是，这种姿态被伏尔泰当作是一种新的伦理加以宣传。人们不必为了克服困窘与不公，就认为这世界是好的，认为恶行都会受到惩罚。这就是伏尔泰在里斯本大地震中所得到的教训，在他为可怜的卡拉一家奔走时，他也对此牢记于心。他充满嘲笑与绝望的"一切都很好"是表达该教训的名言。

　　里斯本大地震之所以引起了一场席卷整个欧洲的大讨论，是因为人们并非从直接受害者的视角来经历这场灾难，而是把它看成任何时间、任何地点都有可能再次发生的灾祸。人们对于无所不在的威胁之恐慌，造成了长期、持续的精神上的震撼。人们头一次认识到文明，以及大都会生活本身所伴随的危机。人们对逝者表示哀悼，心中想的却是自己在未来一场类似的灾难中会如何。人们的同情中隐藏着自怜。城市失去了保护作用，人们感到自己像在原始时代一样遭受着自然的威胁。伏尔泰很快洞察到这种关于生存的不安，并将之用于他对莱布尼茨和蒲柏的乐观主义之讨伐中。正因为日内瓦和巴黎的人们不能直接目睹灾害现场，才产生了一种面对灾难的新情绪。人们甚至等不到去听目击者证言，或者去看受灾地区的局部照片，单是一个欧洲大都市被摧毁的消息，就足够让其他大城市的居民感到深深的不安，就像灾难发生在他们身边一样。

　　里斯本地震正是让那些幸存者，或者远离受灾现场的人们失去了对世界的信心。他们生存的地方似乎已不再安全。博物学家们无法预测，类似的灾难下一次会在何时、何地发生，这使危险显得更加骇人。这种存在实感的动摇，越是在哲学表达中被深化、被阐释，它就越发深刻地渗入到人们的意识当中。正如伏尔泰书信所显示的那样，人们很快就认为，一场类似的灾难会在欧洲的其他城市发生。四处皆是里斯本。伏尔泰给人们在这一情形下的心境——这心境被地震的相关新闻报道渲染得更加焦灼——发明了一种存在图景（Existenzbild），用旁观者的冷漠眼光来看灾难中的受害者。他将那些经历地震的人比作名为"我们的邻人"的蚂蚁。当他从高处俯视推搡杂乱的人群，他想象着，如果当他们遭受践踏，会变得多么恐惧。伏尔泰以观察蚂蚁一样的望远镜式的视点来看待人类，从自然中的更高层次看来，他们不过是蚂蚁，他们的哀号除了他们自己之外，也无人知晓。

　　同样是在 1756 年，当伏尔泰的《自然法之诗》和《里斯本灾难哀歌》出版时，在柯尼斯堡，刚刚开始任教的年轻的

124

伊曼努尔·康德硕士以博物学家的视点出版了两部论文讨论里斯本大地震，篇幅一短一长。前者刊登在柯尼斯堡当地的报纸上，题目颇烦琐——《就去年年底波及西欧各国的那场灾难论地震的原因》①；稍长的第二篇出版成了一本题为《1755年底震动地球一大部分的那场地震中诸多值得注意的事件的历史和自然描述》② 的小册子。康德认为，这次发生在里斯本的灾难是个契机，能推动自然科学方面的地震研究的发展："涉及所有人命运的重大事件，理所当然地要激起可嘉的好奇心，这种好奇心在所有非同寻常的事情上都保持着清醒，并习惯去追问那些事件的原因。"③

125

　　这一不同寻常的事件所引发的不光是好奇心，同时也有不安。博物学虽然能在一定程度上平息不安，但无法完全克服它。远在柯尼斯堡的康德硕士为人类的存在描绘出一幅图，像里斯本大地震这样的自然灾害作为一般的条件被编入其中。这一图景告诫人们，与其为未来的危险杞人忧天，不如为正在遭受灾难的人们多抱一些同情。它呼吁人们从里斯本地震所引发的歇斯底里中清醒过来："我们安静地居住在一块土地之上，它的基础却有时被动摇。我们无忧无虑地建造起亭台楼阁，它们的支柱却时而晃动，有坍塌的危险。我们不因为也许离我们并不遥远的命运而忧虑，当我们得知在邻国造成我们脚下所隐

---

　　① 题目译文采用李秋零主编《康德著作全集》（中国人民大学出版社2003年版）中的译法。

　　② 同上。

　　③ 译文参照：李秋零主编《康德著作全集》（第一卷），北京：中国人民大学出版社，2003年，410页。

藏的那种不幸的破坏时，我们不是恐惧，而是同情。"① 在这一描述中，康德通过将遥远处发生的不幸拉到近处，人们甚至能在脚下感觉得到它，里斯本地震的影子变得清晰可见。

卢梭在他那封 1756 年 8 月 18 日写给伏尔泰的著名信件中，在天命问题上对两首教育诗的作者提出了异议。卢梭认为，伏尔泰搞错了指责对象，他不应指责神定的天命，而应该向那些在地震地点上建造了城市的人们去问罪。在这一地点上建了六七层小楼的不是大自然，如果居民在整个城市里的分布平均一些，地震造成的损失也不至于如此巨大。按照卢梭的想法，自然界带来的所有不幸，人们自身也同样负有责任。虽然他们并非导致惨祸的罪魁祸首，但他们为了文明生活所建的种种，却使惨祸升级。仿佛是看到了卢梭这封信似的，康德在他的第二篇论文中也提到了这一论点。在关于地震作用的一章里，康德写道："轻而易举地就可以猜测出，如果人们在一块充满了可燃物质的地基上进行建筑，那么，地震迟早会使其豪华的建筑化为废墟的。但在这样的情况下，人们就必须对天意的安排感到不耐烦吗？无论如何，认为地面上时而发生地震是必要的，但我们在地面上建筑豪华的住宅却并不是必要的。"②康德对秘鲁的地震也有所耳闻，并且知道，由于当地建筑式样的不同，受害程度较轻。人们必须学会听命于自然，按照自然条件来安排自己的生活，而不是指望自然顺从自己的意图。一如日内瓦的商人，康德也发现，一处的地震所导致的损失，可以通过其他地方的收益——比如同样来源于地下能量的温

126

---

① 译文参照:《康德著作全集》（第一卷），410 页。
② 同上书，441—442 页。

泉——得到弥补。

在伏尔泰给卢梭的回信中（他不可能看过康德的论文），他没有涉及卢梭对天命的维护。伏尔泰淡淡地回了一封短信，在这一问题上他或许认为卢梭对自己有所误解。因为他一直相信，人类所造成的不幸与悲苦，远远多于自然。这也是他向教会、宗教狂热主义和宗教不宽容开战时的坚定信仰。在一封日期为1755年12月16日的信中，伏尔泰写道："我同情葡萄牙人，但人们在自己的蚂蚁窝上造的孽比这还多。我们的战争所杀死的人，比地震吞噬掉的还多。如果在这个世界上，令人们感到恐惧的，只有里斯本地震的话，那人们恐怕要好过一些。"这么说来，人类倒不是蚂蚁般的无辜受害者。

第二十六节　一场发生在中国的灾难

127 　　那次吞没了整个城市、震撼了同时代哲学的大地震，它在整个欧洲引起的巨大反响改变了人们在道德哲学方面的思考方式。里斯本地震之后的第四年，也就是1759年，亚当·斯密出版了他的第一部著作《道德情操论》，探讨在他身处的时代和社会中活跃着的道德情感。在斯密关于道德哲学的讨论中，倒看不出来他身处的社会正是商业网络遍布全球的海洋帝国。但是他在书的中间部分所讲述的一则道德寓言，让人豁然明白，斯密的道德哲学是以世界为单位来展开的。这则寓言主要讨论远与近之间的紧张关系在道德上具有何种意义。

　　亚当·斯密所讲的故事，涉及一场发生在中国的灾难："让我们假定，中国这个伟大帝国连同她的全部亿万居民突然被一场地震吞没，并且让我们来考虑，一个同中国没有任何关系的、富有人性的欧洲人获悉这个可怕的灾难时，他会受到何种影响。"① 这里的每一个暗示都富含深意：首先，对象必须是中国，世界上人口最多的国家。如果仅是随便什么地方住着几千人，来了场毁灭性的地震，就像里斯本似的，那效果远远不够。其次，受灾人数必须是以亿万计。一个巨大的帝国被灾难瞬间毁灭，这无异于《圣经》中的世界末日。关于这一灾难的消息传到了欧洲，传到了一名身在伦敦的人耳朵里。亚当·斯密所讲的就是这名孤立的、身在伦敦的人。斯密没有具体介绍此人的生存境遇，不过似乎他与地球对面的那个大洲没有丝毫瓜葛，至少是没有生意上的来往。灾难不会给他带来直接的损害，他对遥远地方的人们之不幸抱着完全无私的关心。

128

　　亚当·斯密继续描述这个"富有人性的伦敦人"会做何反应："我认为，他首先会对这些不幸的人的遇难表示深切的悲伤，他会怀着深沉的忧郁想到，人类生活如此不安定以及人们全部的劳动化为乌有，它们在顷刻之间就这样毁灭掉了。如果他是一个投机商人的话，或许还会推而广之地想到这种灾祸对欧洲的商业和全世界每天的贸易往来所能产生的影响。"②不论这名伦敦人受到的震动有多大，那些最初打动他的念头，很快就转化成了对世态炎凉和人生无常的一般感慨。他关于灾难对欧洲贸易和欧洲局势之影响的思考，也是一般性的，因为他个人与其并无瓜葛。根据他的情怀受哲学熏陶程度的高低，他忧伤的沉思可能会持续得更久一点，或者很快就结束。亚当·斯密不无鄙夷地将这一过程称作"精细的推理"（fine philosophy），这名伦敦人将他对遥远处的苦难之同情，注入了

_____

　　① 译文参照：［英］亚当·斯密著，蒋自强等译《道德情操论》，北京：商务印书馆，1997年，164页。
　　② 译文参照上书，164—165页。

推理之中。

无论如何，这名"富有人性的伦敦人"迟早要回到他的日常生活中去："而一旦做完所有这些精细的推理，一旦充分表达完所有这些高尚的情感，他就会同样悠闲和平静地从事他的生意或追求他的享受，寻求休息和消遣，好像不曾发生过这种不幸的事件。"① 人的震惊是短暂的，它所引发的思索也是短暂的。人们将很快回到自己日常的工作和娱乐之中。这在今天的我们听来倒也不感到陌生。亚当·斯密的描述没有半点过时，这是当遥远的地方发生了巨大灾害时，人们的注意力和介入行为发生变化的典型过程。在人们获悉这样一场大灾害的片刻，人们首先会感到一种强烈的震撼和同情。这种情绪持续一段时间后，就会过渡到一般性的思索。其实亚当·斯密和他笔下"富有人性的伦敦人"已经生活在一个信息较发达的社会，从世界各地不断涌来关于各地人们之悲喜的讯息，这使得世界其他地区的人们也不仅仅是"人"那么简单。人们的道德感，以及希望自己更加人道的意愿是如此强烈，以至于人们感到，遥远地方的灾难，与发生在附近的不幸一样牵动着自己的心。即使这种距离置换只是暂时的，但人们不认为这不合理。亚当·斯密也认为这是人们追求博爱的一种表现形式。人们越是频繁地遭遇将自己与他人的苦难、将近处与远处的苦难作比较的场合，就越是迫切地需要一个道德哲学上的阐释，说明在这种场合下，什么样的举止才算正确。

那位"富有人性的伦敦人"完全可认为自己是个讲道德

① 译文参照：《道德情操论》，165 页。

的人。但由于相距遥远，他的情感无法抵达受难的对象，他只能对人类命运发出一般性的哀叹。他与受害人的苦痛之间，缺乏一种脱离自我中心主义的、私人性的连带关系。接下来，亚当·斯密在这则寓言故事中假设，这名"富有人性的伦敦人"自己要经历一次灾祸，或者他只是想象，自己在接下来的几天里会有不测："那种可能落到他头上的最小的灾难，会引起他某种更为现实的不安。如果明天要失去一个小指，他今晚就会睡不着觉；但是，倘若他从来没有见到过中国的亿万居民，他就会在知道了他们毁灭的消息后怀着绝对的安全感呼呼大睡，亿万人的毁灭同他自己微不足道的不幸相比，显然是更加无足轻重的事情。"① 与空想的甚至还没有发生的滑稽的灾祸相比，遥远处的巨大灾难瞬间变得毫无意义。一旦有什么不测要降临到他自己头上，他立即被恐惧紧紧包裹，把命运无常这些一般性的思索忘得一干二净。仅仅是自己可能会遇到什么祸事的念头——哪怕只是失去小拇指，在他的心中激发的自怜，远远大于成千上万人的不幸对他所产生的震撼，虽然他对后者也曾表示感同身受。自怜高过同情：面对上百万人的死，这名"富有人性的伦敦人"照样安睡；为了一只小拇指，他担心得整夜睡不着觉。

130

如果人们的行为与他们的情感一致的话，人类的未来将是黑暗的。这就是亚当·斯密从"富有人性的伦敦人"的故事中得到的结论。他充满不安地问道：人们在实际行动中，是否也会像是在情感世界中一样，毫不犹豫地把自己的利益置于优

---

① 译文参照：《道德情操论》，165 页。

先等级呢？他把这个问题极端化，设想有某个人，只能通过杀死无数人来换得他自己的利益："为了不让他的这种微不足道的不幸发生，一个有人性的人会因为从来没有见到过亿万居民，就情愿牺牲他们的生命吗？"① 如果人们所做与所想完全一致，那么这亿万人的性命怕是保不住了。亚当·斯密认为，如果一个人有条件毁灭部分人类，得以阻止即将发生在自己身上的不幸，他会这么做的。这样，满大人的问题也得到了斩钉截铁的回答——在满大人桥段中所给出的条件下，亚当·斯密认为，满大人的性命难保。

大卫·休谟，亚当·斯密所崇拜的哲学家，同时也是他的挚友，在《人性论》中写到人类理性的逻辑："宁愿毁了整个世界，也不想我的手指受伤，这对理性来说不矛盾。"对于理性来说，为满足一桩极端自私的愿望而牺牲他人，哪怕是整个人类，也并不矛盾。理性只关心动机的合理性。为了减轻自己的痛苦，人们——只要他听从理性的声音——将不惜毁灭世界。当亚当·斯密警告人们勿要盲从情感的逻辑时，他的意见也是如此。

通过对"消极感情"和"行为原则"进行区分，亚当·斯密给上述思考做了个总结。他认为，值得庆幸的是，上述二者并不一致。人们在现实中的行为方式，与他们听任情感摆布时的举止完全不同。显然，行为与情感是基于两种不同的道德特质："既然我们消极的感情通常是这样卑劣和自私，积极的道义怎么会如此高尚和崇高呢？"② 对于社会来说，人们内心

---

① 译文参照：《道德情操论》，165 页。
② 同上。

世界中的所想并非最重要。更重要的是，制约人们行为的原则，这些行为原则与内心情感来自不同的源头——不论情感本身在道德上是多么文明高尚。这一切导致人们对情感与行为做了严格的区分。所以亚当·斯密的道德情感论，跟书名所暗示的正好相反，写的不是情感的理论而是行为的理论。事实表明，人们的情感与他们的行为处于两个不同的次元，这样的话，人们的私心倒是比舍己为人的行为更需要解释。相对于自私自利，宽容慷慨才是道德上一个更难解的谜。

第二十七节　对普世之爱的警戒

通常我们会抱怨，人们的行为与他们的所想不一致。实际上我们倒应该为此感到庆幸。因为在人们的情感世界中，对一己之私利的追逐终会击败普世博爱，不论人们的内心世界有多么文明和高尚。那则伦敦人的故事末尾所提出的问题——某人是否会因维护自己的私利，不惜让数百万人去送死，亚当·斯密对其的回答十分明确："人类的天性想到这一点就会惊愕不已，世界腐败堕落到极点，也绝不会生出一个能够干出这种事情的坏蛋。"① 对亚当·斯密来说，哪怕只是想一下这事儿就足够道德败坏了。而且他相信，这世界上根本不会有人认真地去考虑这种事。

显而易见，狄德罗的"残暴的思考者"在这里又一次以令人印象深刻的方式出现了。由于百科全书属于启蒙时代最卖座的书籍之一，对法国哲学本就十分感兴趣的亚当·斯密很有可能在第五卷出版之后，迅速读到了狄德罗关于自然权利的词

132

133

---

① 译文参照：《道德情操论》，165 页。

条。"残暴的思考者"这一令人印象极深的人物，斯密不可能没有注意到，而且当他提出上述问题，即，是否有人会为了私利牺牲百万人的生命时，他也清晰地指涉到狄德罗的例子。从某种程度来说，亚当·斯密让"残暴的思考者"与"富有人性的伦敦人"的形象相互重叠，使这一角色更加令人不安，虽然后者在私欲占据头脑之前，曾对遥远处的不幸表示出积极的介入。即使如此，亚当·斯密还是反驳了狄德罗的想法，他认为要实践这样一个致命的想法是不可能的。

亚当·斯密对狄德罗的纠正，并不是基于他对人类的心理持有一种更温和的见解，事实恰恰相反。斯密足够冷静，他充分认识到，在人们的精神世界中，私欲所扮演着支配性的角色，甚至人们时不时会希望他人死掉。与弗洛伊德一样，斯密显然也相信，如果人们能从中得到好处，他们不惜诅咒自己的亲兄弟遭遇世上最坏的事。但是斯密认为，世上从来没有人，也不会有人，会真的因为自己一人之利益而牺牲百万人的幸福。虽然每个人时刻在脑中践踏着他人，但没有人会付诸行动。亚当·斯密对人类行为的这种乐观主义，与他对人类内心世界中的博爱之怀疑，正好相互协调，构成一致。

"富有人性的伦敦人"的故事，将矛头指向了那些企图将人性中的自私自利击败的道德哲学家。那些道德哲学家倡导一种普遍的、均质的博爱精神。他们相信，只要通过道德教育，人们就可抵达博爱这样一种高尚境界并身体力行。当这些博爱主义者企图将人们对亲朋、邻里的同情与共感，扩展到遥远处未曾谋面的人身上时，亚当·斯密认为，他们正在制造一种无可救药的混乱。斯密的现实主义姿态对这种高尚的道德十分鄙夷，因为这些博爱传道者们没有意识到，情感的逻辑与行为的逻辑之间存在着一条鸿沟，这会让他们的计划最终付之东流。尤其是，他们忽视了使行为与情感建立联系这一企图的危险性。为了避免一种对他人的遭遇不闻不问的印象，亚当·斯密用一种委婉与谨慎的方式写道："当别人的幸福和不幸确实没有哪一方面依我们的行为而定时，当我们的利益完全同他们的利益无关，以至两者之间既无关系又无竞争时，我们并不总是认为，抑制我们对自身事务天生的或不合宜的挂虑，或者抑制我们对他人事务天生的或不合宜的冷漠之情，很有必要。"① 只要人们相互之间不存在利益关系，那么他们对彼此所负有的责任，不过是一般性的同情而已。

在亚当·斯密看来，企图克服人们对自己的感情与对他人感情之间的不平衡，是"啜啜泣泣和意气消沉的道德学家"们装腔作势的高尚教育中，一个可疑的目标而已。那些道德哲学家们也在说教，称人们应在这样的情景下产生怜悯，即对"那些从未见到和从未听说过，但可以确信无时无刻不在侵扰这些同胞的不幸所产生的怜悯，人们应当抑制自己的幸运所带来的快乐，并且对所有的人表示出某种惯常的忧郁沮丧之情"②。对遥远处的不幸所产生的怜悯，来自于一种道德洁癖，它只会扰乱人们的行为："对自己一无所知的不幸表示过分的同情，似乎完全是荒唐和不合常理的。"③ 对于那些身处在遥远的地方，与我们毫无干系，且生活在我们行为的影响范围之外的人们，对他们产生同情，只能唤起我们自己内心的恐惧，而对方也得不到丝毫好处。这种对他人表现出的极端的关照，

135

---

① 译文参照：《道德情操论》，167 页。

② 译文参照上书，168 页。

③ 同注②。

被亚当·斯密称为"矫揉造作的悲痛"。

亚当·斯密认为，对于那些我们既无法利用亦无法对其产生伤害的人，对于那些在任何一方面（时间上、空间上或是在情感上）都离我们十分遥远的人，我们不应对其命运过于关心。斯多葛派学人曾建议人们，对自己的苦难与他人的苦难，对身边的不幸与遥远处的不幸要抱以同样的冷静态度，也就是说，要拉开距离观察身边的事物。亚当·斯密则劝说人们，对于自己的影响能力范围以外的不幸，无须太在意；对于自己的得失，或者身边人的命运，不妨积极介入。这种介入的程度越大，它越能在人们心中培育出人性的热情。因为，人们只有通过对某个具体对象产生同情，才能接近自我控制的理想状态。人们只有接触身边的人，在交往中实践这种"最高尚的人性"，才能够以这种完全自然的方式、毫不夹杂道德上的娴熟油滑，来达到自我控制的最高境界。"对别人的高兴和悲痛最为同情的人，是最宜于获得对自己的高兴和悲痛的非常充分的控制力的人。"① 亚当·斯密在此批判了所有试图将身边的苦难与远处的苦难同等对待，并认为情感对行为拥有重大影响力的道德哲学家们。他们的说教强制人们必须介入遥远处人群的命运和苦难，给人们增加了额外的负担。而亚当·斯密则要给人们松绑，从而维持、加强人们的行动能力。在斯密看来，通过全面节制人们的快乐和痛苦，从而达成最完满的自我控制，才是更紧要的。

关于全体的、所有生物的幸福，斯密认为，应当负责的不是人类，而是造物主，他掌控着"整个宇宙"，并主宰"所有

────────────

① 译文参照：《道德情操论》，184 页。

理性的、有感知的生物之普世幸福"。斯密所说的造物主，即是企业家，他支配着世间的一切，左右着万物的喜与悲。在他与人们之间存在着一道分工。人们只有通过限制责任范围，才能去努力控制自己身边的苦难与幸福。他们的责任范围仅限于自己自身的命运，限于他们的家庭、朋友，限于他们所处的国家，不会超出此范围。只有通过对自我进行限制，才有可能达成完美的自我控制。人们那些好高骛远的念头，完全不能为他们忽视了自己那点职责本分做开脱："静心冥想的哲学家不论有多么崇高的思索，也不能补偿他们忽视的最微小的义务。"

故事里那个"富有人性的伦敦人"，在得知遥远处的不幸之后，短暂地对人类的普遍命运进行了一番沉思，之后思绪很快转到他自己的烦扰上去了。这与亚当·斯密的道德哲学十分相符。如果要他长期、持续地同情遥远处的陌生人，为他们担忧，正如他对待身边的苦难与不幸，那他就不可能达成值得人们去追求的自我控制了。

从今天的视角看来，亚当·斯密在"富有人性的伦敦人" 137
这一故事中所表现出的姿态，被玛莎·努斯鲍姆（Martha Nussbaum）批驳为"前后不一致、相互矛盾"。因为，在全球贸易拓展着人们的视野这一背景下，主张人们对同情心加以限制是矛盾的。今天，人类的大融合在持续进行，这就更需要我们将情感上的想象力付诸行动。在伦敦人的故事中，令人不安的，并不是斯密主张的同情心有界限的观点，而是他认为扩展同情心会误导人们去遵循情感的逻辑，尤其是遵循人性中对私利的追逐，从而产生各种恐怖的后果。所以"富有人性的伦敦人"，从同情到冷酷的转变就尤其具有挑衅的意味。同一个人，上一刻还在为了远处的不幸而沉浸在忧伤的思绪中，下一刻就会由于自己所要遭遇的不幸陷入慌乱，甚至毫不犹豫地去牺牲他人保全自己——如果他能够这样做的话。正是"富有人性的伦敦人"所表现出的特性，在心理学上尤其令人信服，它暗示了共感的源泉之一是自爱与自怜。当"富有人性的伦敦人"去想象遥远处发生的灾难，去设身处地地考虑遥远处的人们时，他是通过想象自己如果遭遇同样的不幸之情形，在头脑中绕了一个弯路。

第二十八节　与分身的对话

138　　亚当·斯密论证了，人们必须对情感的道德与行为的道德加以区分，否则将导致危险的后果。人们在大英帝国不断拓展行动空间的过程中所获得的经验，似乎也证明了，这种区分会使人们的行为遵从一种精致优雅的道德。在行为学的研究中，人们称这种区分为感觉世界（Merkwelt）与实际行为世界（Wirkwelt）之间的割裂。贸易行为所遵循的一系列原则，与人们在身边的小世界中所采取的行为方式很难达成协调。在亚当·斯密看来，认为道德情感可以随意伸缩、与贸易活动齐头并进的单纯念头，势必走入困境。因为道德感情不可能在无伤贸易活动的前提下，自我扩展以致覆盖整个人类。将商业利益与道德情感进行混淆，不但让人们难以客观估算商业利益，同时也会模糊人们道德上的判断。为了避免出现这种混乱，亚当·斯密在他的故事中着重强调，他笔下那名伦敦人，在遭受重大惨祸袭击的中国，既没有亲朋好友也无利益干系。如果他与受灾地有私人瓜葛的话，那么这名伦敦人对此次惨祸所感到的震惊和难过会是另一种类型。在这种情况下，他的反应就像是身边的人遭遇了灾祸。亚当·斯密认为，道德情感建立在对他人的同情与共感之上，他建议将道德情感限于一个一目了然的小圈子里。这样一来，他实际上是将商业行为去道德化，使其具有灵活性与稳定性。

　　为了将情感和行为原则梳理清晰，亚当·斯密发明了一种用于评价的工具，来弥合情感与行为之间的鸿沟：中立的或者说是置身事外的旁观者。当人们在特殊状态下，想弄清自己的情感、明确自己应该做什么时，这一工具就能派上好用场。比如当人们自己的意向与社会对他们的要求之间出现矛盾，当人们的个人情感与他们在教育中学到的行为规范发生冲突，亚当·斯密建议人们不妨问问这位中立旁观者，听听他的意见。中立旁观者不会被紧张的情绪所束缚，他能深思熟虑地对环境进行判断，并奉劝人们在此情形下，要遵循教育、社会习惯和普世人性的要求。亚当·斯密举了一个士兵的例子：在混战中，这名士兵发现，一位平日里待他不怎么好、他也不怎么喜欢的军官生命垂危。这时他应该怎么办呢？如果他听从自己内心的情绪，那么他会听任军官自生自灭；如果他不顾自己心中所想，听从中立旁观者的建议，那么他会不惜牺牲自己的性命去救那名军官。亚当·斯密认为，一旦士兵意识到，社会对自己的期待是什么，他就会努力遵循这种期待，完全不顾自己内心的情绪在作祟。因为中立旁观者告诉他，莫要听信自己的情感。

　　中立旁观者只有在这样的情况下才会出现：主人公在某种处境中，虽然情绪上受到巨大波动，但他随即能退一步，置身事外来进行观察。中立旁观者不会强行介入，人们得去询问，他才会出现。他能够得到支持的首要前提条件，是面临选择的主人公先得从激动的状态中平复下来。虽然中立旁观者在这一

139

140

过程中不可能像心绪矛盾的主人公一样，感受到同样程度的情感波动，但他跟主人公却不是完全分离的。当主人公向他咨询意见，他能够立即与其沟通。中立旁观者是主人公的分身，他时刻准备着进入到主人公的角色中去。因为主人公与旁观者是合二为一的关系，所以二人之间不会出现认识和理解上的偏差。寻求建议的主人公只要有那么一刻，能静下来思考，能虚心倾听，他一定能理解中立旁观者提出的建议。

通过塑造出一个人与他的分身，亚当·斯密以达成自我控制为目标的道德哲学诞生了。在斯密看来，人们所追求的自我控制，正是他们与中立旁观者之间对话的结果。这是一种内心的对话，主人公在自己的情感诉求与社会的要求之间进行权衡。中立旁观者与传统的良知之间的区别，不光体现在前者对沟通持欢迎态度，同时也体现在，中立旁观者比良知更加接近社会一般的习惯。中立旁观者代表着社会对个体的期望与要求，他的作用方式与良知不同，良知是通过发号施令来起作用的。良知常常要求人们违背自己的本能意志，而中立旁观者则是让个人作为主体来发挥作用。提供建议的中立旁观者，在这种情况下成了一种被改造为社会机制的良知。与良知不同，中立旁观者常常貌似立场不偏不倚，他使人们激动的情绪得到平复，却不对人们的想法进行裁决。不过，中立旁观者表面上的中立其实是一种假象。在《论对赞扬和值得赞扬的喜爱，兼论对责备和该受责备的畏惧》[①] 一章里，亚当·斯密解释说，中立旁观者其实并不中立，他对人们某一类的情感具有倾向

————————

① 原文中，此章节名称为 *Über gesellschaftlichen Leidenschaften*，在德语版中查而无果。此处根据上下文判断是第三篇第二章《论对赞扬和值得赞扬的喜爱，兼论对责备和该受责备的畏惧》。

性。即使他在实际行为中看似十分中立，但他是有立场倾向的。中立旁观者与聒噪着要达成目的之私心背道而驰，他代表着那些大公无私的情感，比如慷慨、人性、同情、手足爱与彼此的尊重。亚当·斯密强调说，中立旁观者几乎在任何情形下都会更倾向于这些向善的情感，甚至"我们在举手投足中都会表现出这类情感，哪怕是面对那些与我们并无直接瓜葛的人"。

　　中立旁观者的另一个特点是，他不会借助严格的道德法典来当作标准对情感进行判断——这种方式也不可能对人们进行完全公正的评价。中立旁观者的判断基准是社会中的约定俗成。既然他倾向那些对社会团结有益的行为，那么他就一定不可能是中立的。但中立旁观者并没有劝说人们要遵循某种特别考究的、或者在道德上极高尚的行为方式。对于他来说，社会作为一个整体正常运转，这一目标的优先度要高于具体的道德之举。比如亚当·斯密就认为，维持和平与社会秩序，比救济穷人重要。不过他还不至于像曼德维尔那样，后者在《蜜蜂的寓言，或私人的恶行，公共的利益》（简称《蜜蜂的寓言》）里将这一思想用更极端的方式表现出来：大量穷人、无知民众的存在，是社会富足的必要基础。

　　为了让自己对公共利益的旗帜鲜明的维护具有正当性，亚当·斯密还引入了情感上的判断。他认为，在一个安静的瞬间，当人们摒弃自己的私欲，几乎每个人都会认同，应该重视社会的规范。在这一思考过程中，亚当·斯密把自己变成了第二个中立旁观者，来评价第一个中立旁观者的行为。按照这一方式，虽然没有一套对行为方式做明确规定的严格的道德规范，但人们心中有了一本关于"理想的行为方式"的清晰手册。这里"理想的行为"并不整齐划一，它在不同的情景中以不同的形式出现，始终修正着人们情感中的自私自利。

第二十九节　旁观者的转化

142　　虽然亚当·斯密相信，他已辨认出人性中的一些原则，但他避免宣称这些原则在任何情景、任何场合下均具有效力。他笔下的中立旁观者表现出对某些特定情感的认同，比如慷慨、人性、同情、友爱和尊重，这已是亚当·斯密对普世道德最大限度地接近。在他看来，如果人们公认，任何人都应具有这些友爱之情，并要求所有人付诸行动，以致这类情感甚至波及那些未曾谋面的陌生人，就已是不小的成果。如此一来，慷慨、人性、友爱和尊重这类情感，也适合用来约束人们在面对遥远的对象时，所做出的行动："无论人们认为某人怎样自私，这个人的天赋中仍会明显地存在着这样一些本性，这些本性使他关心别人的命运，把别人的幸福看成是自己的事情，虽然他除了看到别人幸福而感到高兴以外，一无所得。"①

　　在上述感情中也包括同情（Mitleid），或者如亚当·斯密更泛泛地称作共感（Sympathie）的情绪。由于抱有共感，人们在亲眼目睹灾难，或试着去想象灾难场景时，会被他人的不幸与困苦所触动。因为抱有共感，人们在与他人的关系中，会采取一种与中立旁观者十分相似的立场。当人们旁观他者的灾

143　难，他们的行为会自然而然地遵循中立的旁观者所提出的建议。当目睹他人受苦受难，人们会在最初的片刻忽视利己主义的念头。但情感与行为很快会颠倒，因为当人们不再沉浸于他

---

　　① 译文参照：《道德情操论》，5 页。

人的痛苦，开始具体行动时，人们会抛弃原先的姿态，转而由私心和私欲牵着鼻子走。中立旁观者则会一直坚持最初对局势的判断，并根据这一判断来提出建议。于是亚当·斯密认为，顺从于私心和私欲的"有成见的旁观者"常在我们身边，而不抱成见的旁观者却距离我们很远。

由于人们很难站在自己的立场上直视自己的情感，所以当他者遭遇不幸时，我们也需要中立旁观者："如果我们不离开自己的地位，并以一定的距离来看待自己的情感和动机，就绝不可能对它们做出全面的评述，也绝不可能对它们做出任何判断。而我们只有努力以他人的眼光来看待自己的情感和动机，或像他人可能持有的看法那样来看待它们，才能做到这一点。"[1] 为了能够评价自己的行为，决定是认可还是进行谴责，人们总得将自己变成两个人，一个内在的我与一个外在的我，二者的性质完全不同。他们每一个虽然都有资格来对自己的情感加以审判，但这仅仅是一审。最终的判决，还要诉诸中立的、训练有素的旁观者，"我们心中的那个人——人们行为的伟大审判员和仲裁人"。中立旁观者在事件伊始时，仅是个不起眼的配角，甚至看上去还依附着行为主体，靠着后者的好心才得以存在。但在最终审判时，他已转变成一个独立自主的角色，在人们的心中给良知所留的位置上落地生根。亚当·斯密用了"心中的那个人"这一说法，表示中立旁观者所发出的声音与良知一样急切。

中立旁观者不仅仅是梳理现实中的局势，他还表现出自己的倾向与喜好。他甚至设立了形式上的审判，参考大多数人的

144

---

[1]　译文参照:《道德情操论》，137 页。

意愿，对赞扬的渴望以及对责备的嫌恶，成了裁决的依据。激昂的群情与大众的呼声常会使"心中的那个人"糊涂，他有时感到吃惊，有时会被这种激动的浪潮搞昏头。在这里，我们同样可以看到两个相互作用着的人，"外部的人"与"内心的人"。"内心的人"与"外部的人"之地位截然不同，亚当·斯密管他叫作"伟大的看护者""内心的那个人、判断我们行为的伟大的法官和仲裁人、人心之中天然生就的眼睛"。正如肉眼看到东西的大小并非依它们真正的体积一样，心中的天然之眼也会因人们的私利或情感而发生偏差。在两种情况下，立场转换都有助于校正偏差："对于人性中的那些自私而又原始的激情来说，我们自己的毫厘得失，会显得比另一个和我们没有特殊关系的人的最高利益重要得多，会激起某种更为激昂的高兴或悲伤，引出某种更为强烈的渴望和嫌恶。"① 这是一种因情感介入程度不同所导致的透视型偏差。

如果从个人的立场出发，人们永远不可能找到与他人利益之间的平衡，也不可能阻止人们因一己之私利去祸害他人。想要在相互矛盾的利益间取得平衡，只能采用变换立场的方法。于是亚当·斯密建议人们"既不从自己所处的地位也不从他人所处的地位，既不用自己的眼光也不用他人的眼光，而是从第三者所处的地位、用第三者的眼光来看待它们。这个第三者同我们没有什么特殊的关系，他在我们之间没有偏向地做出判断"②。斯密认为，让一名中立法官来做形式上的裁决是必要的。为了自愿进入裁决程序，人们首先必须相信，他们需要通

---

① 译文参照：《道德情操论》，164 页。
② 同上。

过第三者来进行利益的权衡。人们必须认识到，要做到让自己
对邻人身上发生的哪怕是最严峻的事态都毫不关心，毫不被他
的任何处境所打动，就需要某种程度的思考，甚至是某种哲学
的思考，因为对合理与公平的意识，能够修正我们的感情中天
然存在的不公。当亚当·斯密提到人类感情的不公正，他所指
的就是人们通常所说的自然状态。但他并不是把自然状态置于
人类历史的原初时期，而是认为，自然状态会在每个人身上得
到重现。每一个个体都要经历一次脱离自然状态的过程，才能
克服情感中的不公平，走向文明。在完成这一使命的过程中，
中立旁观者是社会规范、社会习惯的热诚化身。

　　人们不断地求助于中立旁观者，最终会使其拥有决定性的
地位。他的诸种建议汇集成唯一的教训，纠正每一个人心中自
视过重的倾向。在他二十年之后出版的《国富论》里，亚
当·斯密在博彩业中察觉到了人性中根深蒂固的自大妄想。博
彩业之所以存在，正因为人们总会高看他们的运气。人们的自
恃过高会由"心中的那个人"来纠正。他提供了另一幅关于
人类的图景，他所看到的人们总是在众人之中："我们只是芸
芸众生，丝毫不比任何人更为重要。"① 人们错误地看重自己，
这一现象由"心中的那个人"揭示出来，并且证明，人们不
比任何一个他人更强。如果人们执着于看重自己，就会成为轻
蔑和鄙视的对象。在这一自我贬低的认识过程中蕴含着人性真
正的意义："只有从他那里我们才知道自己以及与自己有关的
事确是微不足道的，而且只有借助于公正的旁观者的眼力才能
纠正自爱之心的天然曲解。"② 只有克服自恃过高的惯性，人

146

---

① 译文参照：《道德情操论》，166 页。
② 同上。

们才有可能彰显那些并非建立在单纯自恋之上，而是建立在
——如亚当·斯密所强调的——邻人之爱与普遍人性基础上的
伟大美德："这不是对邻人的爱，也不是对人类的爱。它通常
是在这样的场合产生的一种更强烈的爱，一种更有力的感情，
一种对光荣而又崇高的东西的爱，一种对伟大和尊严的爱，一
种对自己品质中优点的爱。"①

第三十节　与疯子与死人的共感

《道德情操论》以这样一段乐观的陈词开场："无论人们
会认为某人怎样自私，这个人的天赋中总是明显地存在着这样
一些本性。这些本性使他关心别人的命运，把别人的幸福看成
是自己的事情，虽然他除了看到别人幸福而感到高兴以外，一
无所得。"② 一种无私的情感，首先体现在能够体会他人的情
感。共感，"就是当我们看到、或栩栩如生地想象他人的不幸
遭遇时所产生的感情"③。亚当·斯密认为，我们常为他人的
悲哀而感伤，这是显而易见的事实，不需要用什么实例来证
明。而且这种感情绝不仅仅限于那些拥有美德、品行高尚的
人，就连最大的恶棍也不会全然丧失同情心。

这种情感十分特别，因为人们本不可能对他人的煎熬具有
任何直接的感受。亚当·斯密举了一个十分极端的例子来阐明
这一点："当我们的兄弟在受拷问时，只要我们自己自由自
在，我们的感觉就不会告诉我们他所受到的痛苦。"④ 我们最

147

---

① 译文参照：《道德情操论》，166 页。
② 译文参照：《道德情操论》，5 页。
③ 同注②。
④ 译文参照上书，5—6 页。

多只能通过想象来模拟他人的感受，试想若是自己身临其境，会有什么样的感觉。我们想象中身临其境时的痛苦，不等同于我们真置身于此情景时将会感受到的痛苦。想象他人所经历的痛苦，与想象自己经历的痛苦一样，都与真实的痛苦有差距。所谓站在他人的角度换位思考，意味着把他人置换到自己的位置上来思考。这时我们实际上并未身临其境地让自己进入他人的角色，反而是将他人放到了我们自己的角色中。这种试图通过让自己的情感绕弯路来接近他人、感知他人痛苦的尝试，似乎效果甚微。亚当·斯密所描绘的过程符合我们日常生活中的经验：当我们目睹他人受煎熬时，会不由自主地想象自己经受同样的痛苦，感到战栗不安。综上所述，在我们看到他人受苦时，我们心中不断再造的只是自己的感知感觉："感知不可能超越我们自身所能感受的范围，只有借助想象，我们才能形成有关他人感觉的概念。"

　　在目睹他人忍受痛苦时，旁观者不可能超越自身的感知范围，虽然他以为自己能够感受到他人的痛苦。但是，难道非得与他人融为一体，才能正确地面对他人的痛苦吗？亚当·斯密认为，直接目睹那个承受痛苦的人，就足以让我们设身处地去理解他了，无须与他融为一体。目睹那个正在忍受煎熬的人，是人们进入他痛苦最好的通行证，这一视觉刺激，激发出人们心中各种各样对受难者的共感。如果这种直接的视觉冲击不是拥有这种特权性的话，那么当遥远的地方发生了不幸，一则相关消息也将会产生同样的效力，只是维持的时间短一些。但事实上，若没有直接的视觉刺激，人们心中激发出的同情和共感会不同程度减弱，而且持续的时间更短。按照亚当·斯密的观点，"得知他人在经历苦难"这一单纯的认识，与直接的视觉

148

刺激相结合，就足以激发人们的心中涌出同情了。无论不幸是发生在身边，还是发生在遥远的地方，在上述任何一种情形下，能否感受到受害人的真实心境都无关紧要。这两种情形唯一的区别仅仅在于直接目睹受难的景象能够强化一般的对痛苦的感知，唤起人们希望早些结束这种痛苦的情感。

为了详细阐释痛苦与同情之间的相互作用关系，亚当·斯密举了疯子之事例。疯子根本不觉得自己有什么不幸，也许顶多感到自己状态不大对劲，但任何一个哪怕只有一丁点儿良知的人，都会觉得他的命运真是世上最悲惨的事情。因为在所有不幸的事件中，没有什么要比失去理智更糟糕的了。这个被众人怜悯的人，完全意识不到自己处境的悲惨。这说明了什么呢？他的命运似乎与我们所感受到的完全相反，"那个可怜的丧失理智的人却也许会又笑又唱，根本不觉得自己有什么不幸。因此，人们看到此种情景而感到的痛苦并不就是那个患者感情的反映"①。观察者的情感，与被观察者的情感之间不存在一致关系。"旁观者的同情心必定完全产生于这样一种想象，即如果自己处于上述悲惨境地而又能用健全理智和判断力去思考（这是不可能的），自己会是什么感觉。"② 对这个疯子之处境的认知，让我们有机会认识到一种不真实的感觉。这种感觉，只有当我们身处于那个疯子的立场上，同时又没有失去理智时，才能够拥有。当人们想要沉浸于一种极端的不幸、异常的穷困或巨大的疼痛之中时，情况也是一样。按照亚当·斯密的看法，这类事例的共通之处在于，它们清晰地描绘了一种

---

① 译文参照：《道德情操论》，9 页。
② 同上。

根本不存在的状况。我们不可能完全置身于他人的不幸或者疼痛之中，所以要求我们先拥有正确的感受，再以正确的方式面对他人的痛苦是不现实的。我们最多能够通过直接目睹他人的痛苦来弥补这一缺陷。这样就可将直接的视觉刺激与怜悯情感拼接在一起，虽然它们之间本无关系。

　　按照亚当·斯密的理论，当我们面对自己无法直接感受的他人感觉时，我们正是以这种虚构的感情来对应的。不过，我们在通常情况下，并不仅仅依赖于视觉感官来决定自己要做出的行为，我们同时也会追溯对整个场景的感受。这样就可消除虚构的感情在我们进行正确的行为判断时所造成的困难。在这一过程中，我们基于判断整个情景和更详尽的细节所得到的结果，也许会在某些情况下纠正我们最初的、下意识的反应。比如当观察者看到一个震怒的家伙，观察者可能会觉得他令人讨厌，否定他的行为。但当观察者对他气愤的原因有更加深入的了解后，观察者也许会同情他的愤怒，并且一反当初的判断，认同他的行为。从这类事例中，亚当·斯密得到结论：在绝大多数情况下，同情并不是对痛苦的回应，而是对具体情况的回应。这样他就得以解释，为什么有时候我们会对一些人的处境充满同情，而他们自己却无动于衷。我们并不是感受他人所感，而是为他人所感。

150

　　同情心的这一特性足以让我们认为，对死亡的恐惧是"人类天赋中最重要的一个原则"，虽然我们不可能直接探知死者真实的心理状况。在亚当·斯密看来，对死亡的恐惧是人类最强烈的情绪，或者是最强烈的情绪之一。只有当情感以一种巧妙的方式增强，当人们不再通过与死者进行换位思考，而是听由情感自发生长，人类对死亡的恐惧才可能达到如此的强度。在我们将自己带入他人、换位思考的过程中，我们无法进入死者的世界。这似乎与一个事实相反，即我们对死者的同情反而格外多。"我们的同情不会给死者以安慰，似乎更加重了死者的不幸。"① 人类对死亡的恐惧作为一个事例，说明不存在的、想象中的疼痛，也能具有真实的疼痛之意义。亚当·斯密重新建构了这一过程：我们自己设身处地，把自己活的灵魂附在死者无生命的躯体上，由此设想我们在这种情况下所具有的情绪——就好像我们真的有可能感知到这种状态似的。在这**151**里，"就好像"对于亚当·斯密来说不可或缺，因为对死亡的恐惧是"人类天赋中最重要的一个原则，是人类幸福的巨大破坏者，但又是对人类不义的巨大抑制。当对死亡的恐惧折磨和伤害个人的时候，却捍卫和保护了社会"②。这一切都建立于生者奇妙的、终究不可能的对死者的共感之上。生者所产生的这种共感，是人类感情中不存在、而且也不会出现的情感。亚当·斯密关于同情与其他类似情感的理论，正是他"看不见的手"之著名学说的前奏。"看不见的手"不仅作用于经济生活中，同时也对人类情感的经济学起着积极的介入作用。

第三十一节 无用的小玩意儿

亚当·斯密对人类容易被错误的判断所诱导这一现象，进行了一而再、再而三的分析。除了判断错误，以及人类高估自身能力之倾向外，亚当·斯密还列举出人类容易走入的另一误区，即他们常对自己的运气过于自信，"身体精神相当健旺的

---

① 译文参照：《道德情操论》，10 页。
② 同上书，11 页。

人，对自己的幸运，总不免抱有几分自信"①。人们或多或少会对自己的成功概率高估几分，同时，大多数人也会低估自己遭受损失的风险。这种判断上的偏差，其特别之处在于，它并非源于人性的缺陷，而是源于人类精神与肉体上的活力。所以那些由轻视危险、奢望成功的心理驱使的人，易被错误的判断牵着鼻子走。这种判断上的偏差对于人类的经济生活现象有着本质性的意义，而且偏差正是这些经济现象得以繁荣的决定性前提之一。如果人们不是高估自己得利的机会，就不会产生博彩业；如果人们不是低估了自己受损的风险，也不可能存在保险业或类似的机构。人们对自身过高的估计，常被哲学家和伦理学者们看作是道德规制的对象。但在亚当·斯密眼中，人们这种高估运气、低估风险的坏习惯，却并非如此。

152

　　此外，还有一些现象似乎与人们在判断上出的偏差息息相关。亚当·斯密与大卫·休谟（在论述此问题时，斯密借鉴了后者的学说）首先尝试从理论上剖析这些现象。在《道德情操论》与《国富论》之中，亚当·斯密追问了这样一个问题：为何对于人们来说，多余没用的东西总是比那些真能改善生活的物品更重要呢？人们总是将自己财富中很大一部分投入那些不具明确用途的物品，它们似乎比那些用途明确的东西更宝贵。亚当·斯密举了一个钟表收藏家的例子：一名专门收藏精美钟表的行家，他并不在意钟表正确指示时间的功能性，是钟表完美的工艺和它繁复的机械构造唤起了他的激情。在被亚当·斯密诙谐而鄙视地称为"无用的小玩意"的不少物品上，

---

　　①　译文参照：［英］亚当·斯密著，郭大力、王亚南译《国富论》（上卷），北京：商务印书馆，1983 年，99 页。

也可发现类似的现象。斯密在理论上对其予以高度的重视。后来，阿尔伯特·赫希曼（Albert Otto Hirschman，1915—2012）重新发现了国民经济学泰斗的这一兴趣点，并将其发扬光大。

153　　在《国富论》里论述封建制度之消亡的著名篇章《都市商业对农村改革的贡献》中，亚当·斯密描述了大地主们是如何受到日渐崛起的国际贸易以及手工业之误导，将农业收益的所有盈余都投入到后者所提供的新型商品上。原本地主们没有机会消费自己获得的利润，唯一的去处就是拿这些钱去打发自己的门客与佃农。而现在，在城市手工业制品之诱惑下，大地主们对迄今为止奠定自己权利与威信的基础置之不理，或干脆葬送了它们。他们的统治基础原本建立在依附于他们的人数之上，但他们现在却将利润用来购买城市商人带来的无用之物，"他们就宁愿把足以维持一千人一年生活的粮食或其等值的金钱，用来换取一对金刚石纽扣或其他同样无用而无意义的东西，继而也把这粮食所能给他们带来的权威一并舍弃了"①。

大地主们遭受误导，并非是出于经济上的动机，而是出于——按照亚当·斯密的说法——"一切时代为主子者所遵守的可鄙格言"，完全为自己不为他人。因为金刚石纽扣完全属于他们自己，他们不需要与任何人来分享它。不似原来，他们必须与门客、佃农分享这利润。大地主们甚至认为，不须与别人分享自己的获益、不用给别人好处，是件莫大的好事。权贵者的自私自利，使得他们"为了满足最幼稚最可鄙的虚荣

---

① 译文参照：《国富论》（上卷），375 页。

心，终于完全舍弃了统治的权威"①。对于地主阶层来说，青睐奢侈品并将奢侈品置于高于日常用品的地位，意味着获得了更多的自主性。但实际上，这是封建地主阶层抱有的一种错误判断，它招致了异常严重的后果。因为地主阶层就这样轻易地亲手葬送了自己存在的根基。即使现在依靠他们活口的手工业者与商人的数量，甚至多于直接依附于他们的人口数量，但这种新型经济关系不再产生原来那种使封建地主拥有统治权威的人身依附关系。确切地说，以城市为中心的市场经济在不知不觉中，击败了以大土地所有者为基础的封建经济制度。这就是工商业所显示出的"润物细无声的影响"。大土地所有者们为了城市工商业的小商品毫不迟疑、毫不犹豫地拿他们的封建权力去冒险。这种短视——在此情况下体现为对奢侈品的迷恋——在亚当·斯密看来，为封建制度的解体、城市资本主义的崛起提供了动力。

154

　　亚当·斯密所提倡的经济制度——市场经济，其惊人的成就不是建立在它所提供的、具有实用价值的物品上，而是建立在人类无意义地对无用品的钟爱之上。当大地主们热衷于雕虫小技，远胜过喜爱实用物品时，督促人们对自我蒙蔽进行纠正、提醒人们拷问自己这种新嗜好的中立旁观者，他并不在身边；或许是他自己也管不过来了呢。商业所提供的新的享乐，让地主们不惜付出自己世袭的权力与财富，且毫不考虑伴随而来的风险。这也许与人性中根深蒂固的、高估自己的运气而低估风险的倾向有关。他们面对新涌现的奢侈品之态度，与抽奖和赌博差不多——人们不是针对实用型商品投资，以换

---

　　①　译文参照：《国富论》（上卷），375 页。

得稳妥微薄的利润，而仿佛是对自身运气的信赖进行注资。

在上述情况下，中立旁观者之所以缄默，是因为他面对人类如此忘我的自我膨胀束手无策。或许是他已经发现，这种颇具风险的行为会给整个社会带来正向的影响。亚当·斯密的这一观点，并非是到了撰写《国富论》时才酿成，早在《道德情操论》中他就已经证明了，人们追逐"奢侈性需求"（trinkets of frivolous utility），点燃了的工作热情，却使真正的需求被蒙蔽的情况是多么严重："有多少人把钱花在毫无效用的小玩意儿上而毁掉自己呢？"① 他举了几个人们愿意付出自己的劳动果实而换取的物件，比如手表和牙签，一把挖耳勺或者是指甲刀。人们显然相信，相比仅仅满足基本的生理需要，正是通过拥有这类用处不大的小玩意儿，自己才更加接近努力的目标——至少是在周边的人眼中是这样。

为了解释这一奇特的现象，亚当·斯密受启发于休谟对实用型物品之美的论述，发展出一套效用之美的理论。他认为，那些功能性一目了然的实用型物品，理应被看作是美的，"任何设备或机器只要能产生预期的结果，都赋予总体一定的合宜感和美感，并使人们一想到它就感到愉快，这一切是如此清楚明白，以至没有人会忽视它"②。亚当·斯密相信，休谟找到了解释这一现象的原因。按照休谟的说法，任何物品的效用之所以能为其主人带来欢乐，是因为每当看到它们，主人就会想到物品所能增进的愉快或便利："每当看到它的时候，他就会沉浸于这种愉快之中；这一物体就以这样的方式成为不断给他

---

① 译文参照：《道德情操论》，225 页。
② 译文参照上书，223 页。

带来满足和欢乐的源泉。"①

另外，每一个旁观者与主人抱有同样的感情，感受到物品的合宜与便利，他也会沉浸于愉悦的心情，感受到这种效用之美。

156

虽然效用之美的意义毫无争议，但它却引起了巨大的混乱与周折。因为，亚当·斯密所谓的物品"产生预期结果的"能力，也许脱离了物体本身的用途——如果人们更关心为了达成这一用途而进行的诸种手段的统筹，而不是用途本身的话。比如在亚当·斯密所举的钟表收藏行家的例子中便是如此，钟表的完美机械构造比它本身指示时间的功效更引人注目。斯密认为，一名拥有许多钟表的行家宁愿卖掉那面走慢了一分的时钟，换上另一面，虽然他本人并不是特别守时，或者他根本不在乎其中一面钟是否能准确地显示时间——反正他有的是钟表。对他来说，知晓时刻并不是最重要的，钟表器械要完美无缺才是第一位的。即使人们并未刻意追求这一功能，完美的功用性仍然是效用之美（Funktionsschönheit）的前提。在人们从关注功能（Zweck）转移到关注功用性（Zweckmäßigkeit）的过程中，亚当·斯密发现了人们对无用的小玩意儿灾难性的钟爱之原因。在之后的《国富论》中，他控诉这一钟爱会毁灭整个经济体系。

对无用小玩意儿的钟爱，绝不是矫情的人们独有的怪癖，他们不断寻找新的乐子，也有钱有闲，把没用的雕虫小技看得比正经事儿还要紧。实质的功能与功能性的表象（funktionales Erscheinungsbild）之间优先等级的倒错，揭示出了一个重大的

———————————

① 译文参照：《道德情操论》，225 页。

问题，这就是人们与那些疯狂小玩意儿的发烧友们一样，把
"所有的口袋都塞满小小的便利设备。他们设计出新的口袋
（那是在他人的衣服上看不到的），以便携带更多的东西"①。
他们全身揣满了各式各样的破烂，这些破烂或许会有那么点用
处，但没有也无甚大碍。他们这么做，是为了附和一般人的做
事方式。因为那些没本事买这些小玩意儿的人，不仅不会鄙视
他们，反而还明着暗着艳羡他们呢。

第三十二节　一场宏伟的目的异化（Zweckentfremdung）

亚当·斯密认为，一般的劳动者受到工作热情的鼓舞，这
与雕虫小技和无用器物的玩家们没什么两样。那些认为自己兢
兢业业完成工作的普通人，实际上与着迷于无用器物的富人一
样，都屈服于同一类假象。亚当·斯密描述了一个贫苦的人，
他想象着，如果能够乘着马车而不是徒步行走，那该有多么舒
服！他还想象，要是仆役成群是多么舒坦！或许他还幻想自己
能住在宫殿里，他的一切愿望都会被实现。通过这样的幻想，
通过憧憬自己在遥远的未来将会拥有的幸福图景，这位穷苦人
的心中涌动起工作的热情。他想象着，有朝一日当他实现了这
一切，他就终于能满足地坐下来，安享他的幸福生活。由于他
所设定的目标是如此之遥远，以至于他无法判断，自己为了实
现这一目标所使用的手段是否真的能够帮助自己接近梦想。如
果这名穷苦的人在一个较小的范围内设定自己的目标，比如说
想象自己在几个月后需要达到的目标，他就很快能认识到，自
己所付出的努力是否能让自己抵达预设的目标。但若订立的目

---

① 译文参照：《道德情操论》，225 页。

标过于遥远，穷苦人相信自己总有一天会实现自己的梦想，于是用自己所能驱使的一切手段去奋力实现这一目标。他为了这一目标竭尽全力，不分昼夜、不知疲惫地劳作。为了击败自己的竞争对手，他不放过任何一个在公开场合彰显自己能力的机会。他对全世界的人献殷勤，对他憎恨的人不吝谄媚奉承，对他鄙视的人不惜卑躬屈膝。

在生命即将结束时，他发现自己的付出与所得之间的关系出人意料。这一结果，不仅不符合当初激励着他的初衷，而且让他对自己一切的努力有了新的认识。"他用自己的整个一生，来实行享受宁静生活的计划——一种他也许永远不能享受的某种不自然的、讲究的生活，为此他牺牲了自己在任何时候都可以得到的真正安逸。而且，如果他在垂暮之年最终得到它，他就会发现，它们无论在哪方面都不比他业已放弃的那种微末的安定和满足好多少。正是这时候，他那有生之日已所剩无几，他的身体已被劳苦和疾病拖垮，他的心灵因为成千次地回想到自己所受的伤害和挫折而充满着羞辱和恼怒。最后他开始醒悟：财富和地位仅仅是毫无效用的小玩意儿，它们同玩物爱好者的百宝箱一样不能用来实现我们的肉体舒适和心灵平静；也同百宝箱一样，给带着它们的人带来的麻烦多于它们所能向他提供的各种便利。"① 在不知不觉中，他坚持一生、且最终被证明是徒劳的努力，与无用器物的收藏家所做出的行为完全一致，后者也是受了某些物件所显示出的功能美之蛊惑。对于小玩物收藏家来说，一座拥有完美机械构造的钟表所具有

159

---

① 译文参照：《道德情操论》，226 页。原文最后一句为"给带着它们的人带来的麻烦少于它们所能向他提供的各种便利"，疑为原作者笔误。

的意义，正如这个贫穷的人想象中运行完美的社会机制，在其中，他要扮演一枚积极工作的螺丝钉。

忘记自己所作所为的目的和自己努力的目标，反而去做一些与期待相左的事情，这是一种威胁着社会各个层面的危险，但它同样是整个社会能够运行的前提条件。毋庸置疑，这是一种有益的蒙蔽，它的功用当然不在于给臣服于它的人带来直接的好处。人们为了幸福与安逸所付出的努力中，相当大的一部分都由于人们无法正确判断自己为达成某一目标所投入的手段，以及人们无力衡量付出与收获之间的平衡而化为乌有。正确的判断是一件困难事，因为人们必须对想象与现实进行比较；而人们的盲目之处在于，想象总比现实好太多。通常情况下，只有当人们在面临生命的尽头时，才能认识到自己的盲目。大多数人只有上了岁数才能不加幻象地判断自己的处境。这时，付出与收获之间的平衡关系就很令人气馁。最终，事实证明，人们的欲望与目的造福了人类整体，却未必给个人带来了任何益处。

个人之幸福，是驱使人们行动的强大动力，但人们选择用来达成幸福的手段却建立在假象之基础上。只有当所剩时日无多的时候，人们才能看穿这一假象。亚当·斯密不厌其烦地强调，那些被安逸舒适的愿景牵着鼻子走并为之殚精竭力的人，与钟爱机械小玩意儿的滑稽玩家在本质上是一回事，小玩意儿亦是如此打造出虚拟的，而非真实的愉悦。这倒不是说富人们对奢侈品的热衷会破坏社会和谐，真正的危险在于，人们为了那些最终未能达成的目标，白白地投入了太多。总而言之，人们本可以更小的代价来达成他们梦想的目标，尤其是可以避免繁复的经济运行机制。在《道德情操论》中，亚当·斯密将这一过程描绘成一种彻底的徒劳。在二十年后出版的《国富论》中，他也不曾更改此观点。

人类这种行为与目的相左的特点，对实现幸福造成了巨大的阻碍。但正是那些不具任何明确功效却令人着迷的小玩意儿，才是理解经济运行的一把至关重要的钥匙。因为归根结底，人们之所以对拥有那些无用的小物件感到如此着迷，正是出于希望被他人认可、渴望鹤立鸡群的习性。如果是抱以这样的期待，那么无用小玩意儿的爱好者们倒不能说是被假象蒙蔽了。"如果我们考察一下为什么旁观者怀着如此钦佩之情来另眼看待富人和显贵的生活条件，我们就会发现，与其说是因为他们认为享受到了高人一等的安逸和愉快，不如说是因为他们拥有可用以获得这种安逸和愉快的无数雅致而奇巧的人造物。"① 并不是显贵们享受的方便舒适的生活让平头百姓羡慕不已，而是他们拥有奢侈的手段达成舒适，才让人艳羡。

权力、财富，经济运行的庞大机制（它是为了生产那些为了实现安逸和愉快生活的手段而存在），当我们拉开一段距离来观察的话，它的功效似乎不在于给个人带来幸福与舒适。对于个人而言，他们为了更好的生活所付出的不必要的努力，看似与目的颇不相称，它跟那些人们在其中找乐子的精致的小玩意儿是一回事。在《国富论》中，亚当·斯密继承了之前关于功能之美的理论，描绘付出与收获之间惊人的不相称："权力和财富就像笨重巨大的机器一样谋划着去生产一些矫情的、身体上的方便……虽然它能为它的拥有者省却一点微不足道的不适，但在时代造就的大麻烦面前，它便爱莫能助。权力

161

———————

① 译文参照：《道德情操论》，227 页。

和财富可以挡住夏雨，却无法让你远离冬日的风暴，它们一样会让你感觉到。有时情况更严重，焦虑、恐惧与哀伤，一样会让你遭遇危险与死亡。"

人们的私心，最终与他们为了获得权力和财富所采取的手段之间，形成了一种荒诞的不相称关系。人们期望从经济系统中得到的，与实际所获并不相符。如果人们将自己的汗水与精力投入这一运行机制，他们必然无法正确判断其结果。人们对这一切尚未进行哲学层面的思考，就将自己的想法与预设"恣意地与促生了这些想法的制度、与整个体系规则和谐的运动、与经济运行的机器及它的各个零件"相混淆了。不过亚当·斯密认为，人们以这种方式受到蒙蔽是有益的。这就是一场所有人均参与其中的宏大的目的异化。所以在《道德情操论》中，亚当·斯密提到人们的自我蒙蔽与对自身利益的错误判断。"看不见的手"第一次作为整体针对个体的诡计而出现，并不是一个偶然。

第四部

塞住两耳的哲学家

房间内，哲学家正撰写一部关于社会幸福，或是普世道德的著作。正在这时，有人在他的窗子底下被谋杀。他听到了这个不幸者的惨叫，但在斟酌了一番之后决定对其不闻不问，他不希望自己关于普世伦理的工作遭到打扰。哲学家思考整个人类命运的工作如此重要，眼前的不幸丝毫不能打动他。

第三十三节　不合时宜的观察

在《忏悔录》第八章的开头，卢梭暂停了对生命历程的叙述，开始针对某些文字片段的真实作者问题大发议论。卢梭的记忆回到 1749 年，他在一个炎热的夏末之日，去看望当时因《盲人书简》一文惹上笔祸，被监禁在范塞纳监狱的狄德罗。在路上，卢梭带了本杂志，边走边读，忽然看到其中刊载的征文题目：科学与艺术的进步是有助于伤风败俗还是敦风化俗？这一问题像一道闪电般击中了卢梭，他脑中立即迸发出无数图景与思索，"一看到这个题目，我顿时就看到了另一个宇宙，自己变成了另一个人"[1]。卢梭接下来对这一瞬间的描述中，混杂着他对自己作者身份的某种保留，这种保留后来升格成为恐惧与负罪感。

在第八章伊始，卢梭就告知他的读者，他要暂停一下前章的叙述，随着本章，他那重重的灾难之链就从最初的环节开始了。他在去往范塞纳的路上所感受到的这灵光一现的幸运瞬间，看上去就像是一切灾难的开始。卢梭讲述当自己在获奖的"第一论文"（即《论科学与艺术》）中，将文明社会的道德败坏归罪于当时的科学与艺术时，所引发的巨大骚动；他讲述

166

---

① 译文参照：［法］卢梭著，黎星、范希衡译，徐继增校《忏悔录》，北京：商务印书馆，1986 年，433 页。

着他与论敌之间展开的笔战，讲述他的歌剧《乡村卜师》在
法国宫廷所获得的辉煌成功，还讲述了他的喜剧《纳尔西斯》
在法兰西喜剧院的演出。同时，卢梭还吐露了从一个默默无闻
的音乐家成为声名远播的作家给他带来的不安与不满。他在
《忏悔录》的前几章中所展现的自己作为浪人与奴才、秘书与
墨客的传奇人生，在这里骤然来了个令人不安的转折。

　　一个局外人，因了一篇对这个社会以及它的科学艺术不仅
不阿谀、反倒表示抗拒的论文，忽然就站在了这个社会的聚光
灯下。在出版时追加的序言中，卢梭写道，第戎学院征文的题
目是人们迄今为止提到的最重要的问题。它要求那些试图回答
的人具有伟大的思想，不受自己所处时代的束缚，摆脱和超越
时代的局限。为了正确地回答"科学艺术是否有助于敦化风
俗"这一问题，人们必须从一开始就抗拒和抵制那些被同时
代的人所称颂的事物。这样一来，问题的答案已经显而易见。
正确的回答一定是不合时宜的——它不可去迎合同时代的偏
好，也不许去附和那些对科学艺术之进步的喝彩。

　　卢梭的"第一论文"是头一个不合时宜的观察。他十分
清楚，如果他对当时人们所惊叹的一切事物表示对抗，必将招
致四面八方涌来的批判。不过卢梭认为，正是这些声音证明了
他的批判之准确。所以，只有世人无法赞同的否定回答，才是
唯一正确的答案。"我已做出决定，既不去讨好文人墨客，也
不去追逐大众的时髦。"在他的第一部哲学著作中，卢梭就对
他所在的时代之哲学家，即百科全书派学人展开了批判，虽然
他在早年时光里与他们私交甚好。卢梭认为，百科全书派学人
同样在附和着时代的潮流。他们对自己的追随毫不知晓，因为
他们自以为超越了当时流行的一般想法。百科全书派学人们在

今天对狂热主义视若死敌，但若处于联盟时代①，他们自己也会是不折不扣的狂热主义分子。卢梭将同时代的哲学与宗教狂热主义相提并论，为他日后与百科全书派的反目埋下了伏笔。

卢梭明确宣称，他不为这类读者写作，因为他要远离自己所在的时代。只有这样，他才能够企及过去的英雄人物所拥有的伟大。在他最后一篇对批判者的反驳，即《致博尔德最后的回复》中，卢梭甚至预言他在自己所处的世纪以及后世所扮演的角色："我们的后人总有一天会得知，在这个智者与哲学家的时代，最具有美德的人被嘲笑、被当作痴人般对待，只因他不愿让这时代的罪恶玷污自己的灵魂，只因他不屑与凯撒和强盗为伍，成为一个罪人。"这就是为了保全自己的正直不阿所必须付出的代价。与时俱进一旦不再是判定正确的标尺，写作就必须为生命负责，而言行举止必须为思想做担保。局外人终归是局外人，无论他是多么才华横溢，或者他的见解是多么有力地洞彻了真相。卢梭感到与时代格格不入，这是一种存在体验（existentielle Erfahrung），也是一个万能借口（Universelle Entschuldigung）。对于天赋异禀的人来说，他的不幸尤为强烈。在"第一论文"中，卢梭用阴郁的笔调描写他的时代中之艺术的地位时，他甚至呼吁艺术家们起来反抗时代精神的独裁，"这一时刻已经到来了"，是时候结束对时代的屈服了。

卢梭对艺术与科学的抨击所引起的巨大反响，也带来了一系列问题。首先，卢梭必须澄清，他并非是哗众取宠，提了个离奇的噱头。于是他决定使私人生活与他在公共圈内提出的观

168

---

① "联盟时代"指16世纪末法国新旧教之间宗教战争的时代，当时旧教组成"加特力"联盟，新教组成"胡格诺"联盟。

点保持一致。在生活方式上，卢梭做了一次惊人的改变，他明确地用新的生活模式证明自己作为局外人的本性。卢梭将这一生活转变称为"物质上及私生活的改革"。他最初的举动——扔掉自己的手表，成为脍炙人口的段子。卢梭离开巴黎社会，搬到了他的隐居住所——赞助人埃皮奈夫人在蒙莫朗西的一处乡间小屋中经营自己的乡间生活。为了不依赖稿费，他以抄写乐谱来弥补家用。

但范塞纳的灵光一现，激发卢梭对哲学进行的思索并没有停止。在《忏悔录》中，卢梭写道，当1753年第戎学院再次颁布有奖征文的消息时，他是多么强烈地被吸引住了。他从未想过，在1749年征文获奖后，还能再次获此殊荣。同时他也很惊讶，一个法兰西王朝制下的学院居然敢提出这样危险的问题，讨论人类不平等的起源。踌躇了一阵之后，卢梭决定来回答这个问题。他追溯到自己在1753年11月，曾花了七八天时间在圣-日耳曼的森林中散步，思考征文中的问题。在某一天，他的灵感忽然来了："每天其余的时间，我就钻到树林深处，在那里寻找并找到了原始时代的景象，我勇敢地描写了原始时代的历史。我扫尽人们所说的种种谎言，放胆把他们的自然本性赤裸裸地揭露出来，把时代的推移和歪曲人的本性的诸事物的进展都原原本本地叙述出来；然后，我拿人为的人和自然的人对比，向他们指出，人的苦难真正的根源就在于人的所谓进化。"① 卢梭称这是一种"崇高的沉思默想"，让他直升至神明的境界，从那里看到他的同类正在盲目地循着他们充满成见、谬误和不幸的路途前进："我以他们不能听到的微弱声音

---

① 译文参照：《忏悔录》，480页。

对他们疾呼：'你们这些愚顽者啊，你们总是怪自然不好，要知道，你们的一切痛苦都是来自你们自身的呀！'"①

比他的论文本身更重要的，是卢梭在《忏悔录》中对自己在圣 - 日耳曼森林中的冥想的描述。这是他第二次彻悟的经验。这次他也完全可以说"我登时就看到了另一个宇宙"。在范塞纳的灵光一现中，无数的想法在卢梭的脑中一齐涌现。但在圣 - 日耳曼森林，他对原始人生存状态的回想，具有了漫长、静谧的冥想之特点。不论是在《忏悔录》还是在"第二论文"（即《论人类不平等的起源和基础》）中，卢梭都未曾具体说明这种冥想的性质。但是在"第一论文"中，他用简单的一句话说明了自己冥想上古时期自然之朴素的方法，可以作为小小的提示："一条美丽的小溪，那是一种全然处于自然之手的美丽景色，我们不断地向它回顾，并因离开了它而感到遗憾忧伤。"卢梭在这里透露了他冥想的技巧：他盯着一条迷人的小溪，小溪的两岸有着大自然雕琢出的线条，他目不转睛地盯着看，发现当自己要调转目光时，感到了些许忧伤。卢梭解释道，人们如果要探知原始人类的礼仪和习俗，就必须要激活这样一些场景："人们只有忆起原初状态时的纯朴，才可能去思考当时的习俗。"这样一种注视之魅力在于，人们所看到的，不仅是眼前的、现世的光景，而且是把所看到的理解为一种记忆中的印象（Erinnerungsbild）。这样一来，自然田园风光在毫不发生变化的前提下，瞬间开启了通往深不可测的过去之通路。如果没有这种面对着自然的凝视，任何对于原始人类之习俗的抽象思考，都必然会遭遇挫折。

170

---

① 译文参照：《忏悔录》，480 页。

当卢梭在描述"刚出自自然之手"的人类时，他在这位先祖的身上，也看到了他自己，看到他在某个值得纪念的夏末之日里，步行去往范塞纳的途中曾躺在橡树下休息。在这一景象之基础上，卢梭想象着原始人像接受馈赠似的，从自然获取他为了生存所需要的一切。"我看到他在橡树下饱食，在原始的小河里饮水，并以供给其食物的那一棵树的树根作为自己的床，他的需要就这样得到。"对小溪与橡树的凝视唤起了过去在自然状态中曾有过的情景，卢梭将自己——原始人的后代——移入这一情景中，勾勒出自然状态的模样。同样地，卢梭也凝视着遥远的时间与空间中的图景，那些简陋的农棚、华丽的宫殿，使得原初时期的风俗变得清晰可见。在"第一论文"中，卢梭曾声称，人们能够在哥多林式的柱头上读出罪恶来，它们就铭刻在柱子里。金碧辉煌的神殿显示出，人们已把神明从自己的生活中赶走；而未开化民族那些简朴的窝棚则说明，人们清白而有德，与神明住在同一个茅屋里，并愿意神明能够明鉴自己的行为。通过这样一种观察方式，卢梭一步步地使人类最初的历史逐渐清晰起来。他解释说，自己关于人类不平等之起源的论文，正是从这里启航。

第三十四节 具有歧义的助言

在《忏悔录》中，卢梭写道，当他在构思"第二论文"时，友人狄德罗对他的作品所提的意见最为有益，这部论文也比卢梭的任何其他作品都更符合狄德罗的口味。自打1742年，卢梭与狄德罗之间就建立起一种亲密的文人之交。之后的许多年里，关于自己研究的一切——文学、音乐与哲学，二人无所不谈。二人忘情地对峙于象棋桌，并且相互切磋关于象棋的理论。卢梭去探望被关押于范塞纳监狱的狄德罗，他的这位朋友，也是他倾吐自己灵光一现之经验的第一个对象。在二人的友谊破裂多年之后，狄德罗曾经写下对这一刻的回忆，声称是自己建议当时尚犹豫不决的卢梭，对学院提出的问题，即"科学与艺术的进步是否有助于敦风化俗"，提出否定的回答。狄德罗企图让后世认为，是自己诠释了卢梭的想象并从中得出了结论，他的疯子朋友是靠此结论才得以扬名立万。

在《忏悔录》中提及狄德罗及其助言的段落，卢梭后来加上了一个脚注，这使得整个故事看上去另有一番样貌。"在 **172** 我写这话的时候，我还一点也没有怀疑到狄德罗和格里姆的那个大阴谋呢；否则我就一定会很容易地看出狄德罗是如何滥用我对他的信任，使我的作品具有这种严峻的笔调和阴森的风貌；当他不再指导我的时候，我的作品就没有这种笔调和风貌了。"① 卢梭举了"第二论文"中的一个段落，证明狄德罗对自己的影响："关于哲学家为了不听见不幸者的呼声捂着耳朵发空论的那段文章，是按照他的风格写的；他还给我提供了许多更厉害的片段，我都没有能下决心去采用。"② 狄德罗给卢梭提供了数个段落供他采用，卢梭采用了哲学家的段子，或许还在他的文章中用了几个别的，同时还有一些段子他没敢采用。卢梭之前从未明确指出自己的文中有狄德罗的加笔，直到他写下这个脚注，首次供认此事之前，卢梭也一直认为这些段落属于他的论文。

现在，卢梭开始追忆这些段落的出处，并试图解释自己是

---

① 译文参照：《忏悔录》，480 页，注 1。

② 同上。

出于怎样的信任才接受了狄德罗的建议。这些段落的语言色彩当时并未让卢梭感到不安，因为他以为这是源于"范塞纳监狱的城堡给他（狄德罗）造成的那种阴森气质。这种气质在他塑造的克莱维尔①里还可以看出相当的分量，所以我那时绝对想不到他在帮助之中会怀有丝毫恶意"。这个脚注，大概是卢梭在18世纪70年代初加到《忏悔录》的手稿中去的，与他1770年2月26日给圣－日耳曼先生去长信，头一次追根溯源地讲述针对他的阴谋大概是同一个时期。卢梭那封长信全在叙述所谓陷害他的阴谋，他觉得受到了威胁，却无法查个水落石出。直到今天，关于卢梭陷于阴谋的问题仍然有两种解释：第一种认为，卢梭号称他之前的朋友，也就是百科全书派学人对他进行陷害，完全是在被迫害妄想症中产生的臆想；另一种认为，卢梭的疑神疑鬼虽然不免夸张，但迫害一事并非完全是空穴来风。

在给圣－日耳曼先生的长信中，卢梭将他对迫害者、他们的迫害方式以及迫害动机的揣测和盘端出。他认为，能够证明这一切的不容争辩的事实，就是当他的《社会契约论》和《爱弥儿》在法国和瑞士被列为禁书、官方对他本人下通缉令之后，他的朋友们对他的著作以及他本人的态度骤然变化。这之后，他开始辗转在瑞士、英国、法国，过着颠沛流离的生活。卢梭认为，他的著作被故意曲解，偏离了他的本意，而他的迫害者们利用人们对他的曲解，让他显得像是洪水猛兽。在这封长信里，卢梭指出好几个阴谋的幕后推手和煽风点火者：

173

———————

① 卢梭指的是狄德罗1757年上演的戏剧《自然之子，或贞洁的折磨》中的男主角都佛，克莱维尔为都佛的朋友。

首先是他旧日的朋友狄德罗和格里姆，其次是他过去的赞助人德·布弗莱伯爵夫人、德·卢森堡元帅夫人，巴黎哲人圈子里的霍尔巴赫，以及幕后的主使、路易十五时代的大臣德·舒瓦瑟尔公爵。

在给他信任的庇护人圣－日耳曼先生的信中，卢梭绝望地挣扎着，拼命想用他自己对这一切的解读，来代替流布于公共圈中的诽谤与曲解。他仔细地检讨自己性格中的每一个细节，证明自己并非像人们在背地里议论的那样贪婪、吝啬、野心重重，而是爱好孤独、懒散，厌弃奢侈的生活。对于人们一些有道理的指责，比如抛弃自己的孩子，卢梭表示接受，但他试图解释自己当时的处境，让人们理解他的行为。卢梭这一切反驳的中心，在于为自己隐居遁世的生活辩护，为自己的孤独辩护。对于狄德罗的警句——"只有恶人是孤独的"，卢梭进行了激烈的反抗，因为他认为这是针对他说的，这句话也导致了二人关系的破裂。卢梭认为，狄德罗这一警句听上去很响亮，但却是错误的。"我从中只感到某种荒谬。说'只有恶人才是孤独的'是那样错误——事实正好与此相反：一个善于独居的人不可能是恶人，一个恶人也不可能愿意独居，不然他向谁去使坏？他又跟谁一起搞阴谋？"[1] 狄德罗在《私生子》中写下这一警句，并且广为传颂的时候，正是卢梭要改革他的生活方式，搬离了巴黎，隐居到圣－日耳曼的森林中，专心从事"第二论文"（尤其是这篇论文本身就是卢梭对他远离喧嚣、接近自然的生活之辩护）写作的时候。卢梭认为，狄德罗在

174

---

① 译文参照：［法］卢梭《致圣－日耳曼先生函》，载［法］卢梭著，袁树仁译《卢梭批判让－雅克：对话录》，上海：上海人民出版社，2007 年，351 页。

写下这一警句时，至少应该加以说明，卢梭的处境，以及过去那些选择孤独的思想巨匠的处境是个例外。

在给圣－日耳曼先生的信中，卢梭举了几个反例。为了对自己远离社会的生活做出辩解，卢梭敦促对方注意到自己早期作品中，言及大城市生活的烦恼与罪恶："人们从我在巴黎写的作品中感觉到一个被这座大城市的喧嚣搞得心烦意乱、被持续不断搬演其恶习弄得脾气暴躁的人的恶劣情绪。"① 像是在《忏悔录》中一样，卢梭后来在这封长信的抄件中也加了一个脚注，谈及狄德罗对他作品的影响："请您再加上狄德罗持续不断的刺激。也许是他忘不了范塞纳监狱，也许是怀着已经形成的要把我搞臭的计划，他不断地刺激我，促使我用讽刺、挖苦的话语。一旦我到了乡间而且这些刺激停止，我作品的特性和语气就变了，我回到了我的天性之中。"② 在此处，卢梭回忆狄德罗是如何用他的突发奇想和讽刺的话语去刺激他，比《忏悔录》脚注中的描述要丰满得多。来自狄德罗的源源不断的提议与刺激，在当时的卢梭看来，是他急需的智慧的妙语，但日后回想起来，那些更像是试图控制他的别有用心的诡计。卢梭认为，通过改变自己的生活方式，他已经完全变成了另外一个人。他在隐居生活中所写下的字句，散发着"只能在小树林中才能找到的内心柔情、灵魂温馨的气息"。他举了爱德华·杨与维吉尔的例子，说明隐居乡间可以产生多么美好的结果。最后，卢梭还附上一段对笛卡儿的充满讽刺的赞词："对我来说，我以效仿了恶棍笛卡儿为荣，他曾经心怀叵测地到北

① 译文参照：《致圣－日耳曼先生函》。
② 同上。

荷兰的孤独之中去研究哲学。"①

　　"只有恶人是孤独的"这一警句在卢梭的脑中回响不绝，以至于他总是要找出些新的例子来反驳。在孤独中，他还能想起什么邪恶的倾向呢？也许是喜欢荣誉。但是，这种高尚的感情如何会出自一个败坏的内心呢？将心灵扩展到整个后代这种荣誉心，怎么会让人走上为非作歹的道路呢？一个有悖道义的人，也许可以写出一本好书，但天才的美妙喷涌绝不会为一个恶人增光添彩。作为天才巨著的例子，卢梭举了他的"第二论文"，声称一个不名誉的人是不可能写出这样一部著述的。他认为，作品本身已经为作者的人格做了担保："如果我本来可以敬重的某个人，他的怀疑能够达到贬低我的心灵这种程度的话，那么，作为答复，我将给他拿出《论人类不平等的起源和基础》，对他说：'看看，脸红去吧！'"②在另一处后加上去的注释里，卢梭又有所保留，认为文中的某些段落不在讨论范畴内，它们不能作为证据，确保作者的正直和清白。为了使他的论文能够通过道德检阅，卢梭必须"删掉几处狄德罗式的片段，那是他几乎违背我的意愿，叫我在里面插入的"。跟在《忏悔录》中所说的一样，这里卢梭也指出，加入的段落是"好几处"，但他却未做进一步说明。而且卢梭在这里也说道："他还加了更强硬的几段，但我未能下决心使用。"③

　　卢梭在这封长信中甚至提出，他的敌人们很可能伪造并出版了他的手稿和信件，为了使他们对他的诽谤有根有据。卢梭

176

① 译文参照：《致圣－日耳曼先生函》。
② 同上。
③ 同上。

认为狄德罗和格里姆是这个阴谋的始作俑者，他们披着友情的
外衣，模仿他的笔调和他的笔迹，炮制出几篇糟糕透顶的作品
作为证据——一个掌握了高超写作技巧的人，将另一个人的文
风模仿到相当逼真的程度是很容易的事，即使另一个人的文风
很有特点。不大老练的读者一般是辨认不出来的。卢梭又一次
在这里提到他与狄德罗的文人之交。他认为，对狄德罗来说，
模仿自己的文风是尤其容易的事情，因为卢梭在刚开始写作的
时候曾经特别研究过狄德罗的行文与措辞。卢梭再次提到，狄
德罗在他最初的几部著作中，"甚至放进去数个他写的片段，
与其余的文字一点都不显得对照鲜明，至少从文风上人们区别
不出来"①。另外，卢梭还说道，他的文风与狄德罗的文
风——"尤其是在我最初的著作中，措辞与他的文风一样有
些跳跃式，而好使用格言警句"——在同时代人当中是最相
像的两个。即使不考虑这一点，卢梭认为，想模仿另一个人的
文风也并非难事，因为能够对文风的相异或者相同发表意见的
177　鉴定者相当少，具有这种能力的人，他们自己也很容易搞错，
以至在这个问题上，每个人高兴怎么决定就怎么决定。

　　跟在《忏悔录》中一样，卢梭在这封长信中也做了一个
脚注来证明他的主张；同样，在这里他也讲到那个关于哲学家
的片段，不过版本之间显然不同：当哲学家听到可怜人在他的
窗子底下哀号，他扯了扯睡帽来捂住自己的耳朵——睡帽这个
小道具非常吻合狄德罗的生活习惯。"他（狄德罗）是如此亲
切友好地给我提供了那些点子，而我，又是如此愚蠢地接受了

　　　① 译文参照：《致圣－日耳曼先生函》。

它们。人们可以轻易地将它们从我自己的思想中区别出来，正如那个关于哲学家的片段，哲学家扯着睡帽捂住耳朵，以便继续沉浸在自己的思考中（见《论人类不平等的起源和基础》）。这完全就是他写的。显而易见，狄德罗是利用了我对他的信任，以及我自己的愚蠢，为了让我的作品富有严峻的笔调和阴森的气质。当他不再左右我，当我随着自己的性子写作时，这样的气质就消失了。"虽然卢梭在此引用的事例与在《忏悔录》中一样，但在此处，他注意到了形式与思想之间的区别。也许从文风上来说，捂住耳朵的哲学家这一段颇像他自己的手笔，但从整体氛围，尤其是这个片段所表达的思想来看，人们很容易将其与卢梭自己的文章区别开来。不过狄德罗偷偷放入这一论文中的究竟是什么样的思想，卢梭没有进行详细说明。

在后来写成的《对话录》中，卢梭重新梳理了他所陷入的阴谋，他又一次提到自己与狄德罗之间的关系。这一次他指出，他在写作生涯的初期曾经以狄德罗为榜样，甚至模仿他的文风，所以搞混他的早期著作与狄德罗作品倒不那么令人吃惊。这一叙述让人们感到，狄德罗在卢梭早期作品中的加笔，应该不仅仅限于哲学家那一个片段。在《忏悔录》与写给圣－日耳曼先生的信中，卢梭明确指出，在自己的"第二论文"中，有不止一处是出自狄德罗的笔下。但是除了拿睡帽捂住耳朵的哲学家这个段子之外，卢梭从未具体说明，究竟还有哪些段落是来自于狄德罗。

即使是关于捂住耳朵的哲学家这一处，狄德罗是否为作者仍然不确定。不过《狄德罗全集》的编辑者阿赛札和图尔努却十分在意卢梭的声明。他们在编纂过程中，将这一段落当作狄德罗的亲笔文章收录至全集中。显然，他们对卢梭的脚注比对《忏悔录》正文寄予了更多的信任，在本文中，卢梭仅仅提到了狄德罗给他的建议。在《忏悔录》和给圣－日耳曼先生的信这两处叙述中，卢梭认为，这个段落的笔调与气质，以及它所反映出来的作者心理状态都是狄德罗式的，与自己一贯的文风格格不入。他的早期作品所表现出的痛苦厌世情绪，只是短暂地占据了他的心灵。当他改变了自己的生活方式，离开巴黎，卢梭就重新返回了他的本性与他自己的风格。

第三十五节　一种关于怜悯心的理论

卢梭很有可能以他"第二论文"中一处无可争议的段落作为例子，来证明自己的清白，这就是他对霍布斯冷酷学说的疏离与批判。卢梭在这里树立了一种关于自然状态下的怜悯心的理论，日后被叔本华誉为"伟大的原则"。在"第二论文"里篇幅较长的一个段落中，卢梭将自己关于自然状态之构想的核心部分浓缩为一段结构繁复却十分协调，并且令人印象深刻的箴言。卢梭讲到人类天性中存在一种机理，"在某些情形下，缓和了他强烈的自尊心，或者在这种自尊心未产生以前，就缓和了他的自爱心。人类看见自己的同类受苦天生就有一种反感，从而使他为自己谋幸福的热情受到限制"①。这种看到同类（不仅是同类，还包括一切活着的并且在受苦的生命）

179

---

① 译文参照：［法］卢梭著，李常山译，东林校《论人类不平等的起源和基础》，北京：商务印书馆，1997年版，99页，根据原文稍做改动。

受到煎熬而产生的反感，是人类怜悯心的原初形态。这一本能，在所有软弱并且易于受到各种灾难的生物身上均有体现，连动物也拥有这一本能：当它从同类的尸体近旁走过时，会显得不安。人类与动物在原初的伦理感上的相通之处（这一点尤其打动了叔本华），意味着人类在之后的发展阶段中所显示出的道德心源于一种本能。从人类对同类受苦的本能反感，逐渐衍生出怜悯这种美德，但同时，作为美德的怜悯也会丧失人类自然状态中特有的行为确定性。

在人类历史的初期阶段，保全自我的自爱心与对同类受苦的反感相互形成平衡关系。卢梭对这种状态的描述不含理想化色彩。但正由于他实事求是的精准描述，使得人类的原始状态富有了指标性的意义。在这里，人类的原始状态（notre état primitif）与真正的自然状态（le véritable état de nature）合二为一。卢梭笔下的自然人拥有理想状态下的人所具有的性格：他距愚蠢的动物和被理性毁坏的文明人同样遥远；他既听命于本能，同时也会思考；他既能应对威胁自己的灾难，也受制于天生的怜悯心，不会对其他生物作恶。

卢梭这一关于怜悯心的理论，是原始人与文明人之间的连接点。因为，它的结构能通过独特的情感机制，在两种完全不同的情感之间形成过渡：自爱（amour de soi）与怜悯，一旦掺入思索与权衡判断，就会变成自私（amour – propre）与对他人的漠不关心。这两组对立的感情，建立于同一种本能的基础之上。这就是说，在某些特定的情形下，人们以隐藏的本能为出发点，使原初的情感以一种文明的方式再现。为了让怜悯之情在文明社会中复活，首先必须解体理性的权威。短板有可能变身成为长处，因为怜悯心"是人类最普遍、最有益的一种美德，尤其是因为怜悯心在人类能运用任何思考以前就存在着，又是那样自然，即使禽兽有时也会显露出一些迹象"①。

在《论人类不平等的起源和基础》第一部分，即提出怜悯心学说的那个段落，卢梭提到了曼德维尔。曼氏于1714年出版的《蜜蜂的寓言》引起了卢梭的注意。卢梭认为，这位作者虽然为自私这一私人恶行进行辩护，但他也不得不承认"人是容易受感动而有同情心的生物"。卢梭甚至注意到，曼德维尔在此处"改变了他那一向冷峻而细致的文笔"。卢梭感到，曼氏在此处提出了与其一贯思想相悖的观点，认可人性是必要的。曼德维尔的原文中描述了这样一个崇高的景象：一个被囚禁的人，透过监狱的栅栏望着外面的街道。他看到猛兽在一个母亲的面前撕碎了她的孩子，而他却束手无策。这一场景让人想到了某个思想实验的装置：被囚禁的观察者只是一个看客，他与眼前所发生的一切无关，而且毫不介入事情的发展过程。他所感到的惊悚完全来自眼前的光景："目睹这种悲惨景象，对于昏了过去的母亲和垂死的婴儿都不能予以救援，他又是如何焦急不安！"② 他的无力感，正是怜悯心之力量的明证。

曼德维尔在此处显然是要声明，人类的怜悯心是一种不掺杂其他冲动与利益驱使的、纯粹的情感，是一种不假修饰的、自然的感动。卢梭对此大加强调，因为他感到在此处辨认出了自己在人类的自然状态中所发现的那种怜悯心："先于一切思

---

① 译文参照：《论人类不平等的起源和基础》，100页。
② 同上。

考而存在的纯自然的感动就是这样，自然的怜悯心的力量就是
这样，即使最坏的风俗也不能把它们毁灭。"① 这种怜悯心，
卢梭补充道，比剧院里的同情更纯粹，因为人们虽然对剧中不
幸者的悲惨遭遇伤心落泪，但倘若这些人自己做了暴君，还会
加重对那些可怜人的虐待。根据卢梭对这个例子的阐释，曼德
维尔正确地感觉到，如果自然不曾赋予人们怜悯心作为理性的
支柱，则人们尽管具有一切的道德，也不过是一些怪物而已。
但是，卢梭又接着说，曼德维尔没有看到，他自己所否认的一
切人类的社会美德，正是从怜悯心这种性质中产生出来的。其
实，所谓仁慈、宽大和人道，都是施于弱者、无辜者或对整个
人类怀有的怜悯心。就连关怀与友爱，如果正确地来理解的
话，也无非是固定于某一特定对象上持久的怜悯心的产物。因
为，不愿看到自己的同类受苦，与希望看到他幸福，又有什么 182
区别呢？卢梭从这里找出了与受难者的共鸣（commisération）
和怜悯心（pitié）之间的联系："即使怜悯心实际上也不过是
使我们设身处地与受苦者所起共鸣的一种情感（这种情感，
在野蛮人身上虽不显著，却是很强烈的，在文明人身上虽然发
达，但却是微弱的），这种说法，除了更足以论证我所持的论
点外，还有什么其他意义呢？"② 卢梭认为，事实上旁观的动
物对受苦的动物所起的共鸣越深切，怜悯心就越强烈。在他看
来，在自然状态中，这种共鸣无疑要深切得多。

卢梭主张原始人之怜悯心要强烈得多，这主要为了论证、
思索与考量自己的行为，是使文明人之怜悯心衰退的核心要

① 译文参照：《论人类不平等的起源和基础》，100 页。
② 译文参照上书，101—102 页。

素。根据卢梭的怜悯心理论，自爱会促进人们对受难者产生共鸣；而左右斟酌则会加剧人们的自私，让他们只考虑自己。卢梭认为，理性使人敛翼自保，远离一切对他有妨碍和使他痛苦的东西。在这里，卢梭开始了他对哲学的抨击："哲学使人与世隔绝，正是由于哲学，人才会在一个受难者的面前暗暗地说'你要死就死吧，反正我很安全'。"① 哲学是一种对理性的滥用，它加深了人们与他人之间的鸿沟，在社会中形成了某种反社会的因素。

这时候，那名为了整个社会的命运彻夜难眠，却对不幸者的哀号无动于衷的哲学家出场了。"只有整个社会的危险，才能搅扰哲学家的清梦，把他从床上拖起。人们可以肆无忌惮地在他窗下杀害他的同类，他只把双手掩住耳朵替自己稍微辩解一下，就可以阻止由于天性而在他内心激发起来的对被害者的同情。"② 每个人心中都有的天性，也在哲学家的心中发出声音，呼唤他与被害者产生共鸣，敦促他去救助后者。可思索与考量所衍生出的自私心却让这天性闭嘴。人们越是去思考自己在与他人相处时的得失，就越是迅速地决定将自己的安危置于优先等级的上位，让那名可怜人自生自灭。

卢梭认为，原始人和野蛮人是不具备这种"惊人的本领"的。由于缺乏智慧和理性，他们总是不假思索地服从于人类的原始情感。普通的老百姓也是这样，"当发生骚乱时，或当街头发生争吵时，贱民们蜂拥而至，谨慎的人们则匆匆走避"③。只有那些不太受理性束缚的人，才会撺上去帮忙。而哲学家可

① 译文参照：《论人类不平等的起源和基础》，102 页。
② 同上。
③ 同上。

不想由于他身边某个人身上发生不幸而被打扰，他用两手捂住耳朵，或者是埋首于枕头中，再或者拿睡帽把整个脑袋盖住，继续睡觉。"第二论文"中这个小小的场景让卢梭在很多年后回想起来，心情是如此不快，以至他要否定自己是它的作者。

第三十六节　哲学及其缺憾

在捂住两耳的哲学家这一形象的身上，究竟有什么让卢梭如此厌恶，以至他一定要从自己的论文中将其剔除呢？他在构思这篇论文时，的确曾跟友人狄德罗对此进行了热烈的讨论。但这一事实不大可能是卢梭对哲学家桥段感到不快的唯一原因。因为按照卢梭自己的说法，狄德罗对他的影响并不仅限于这一个段落。这样的话，捂住耳朵的哲学家这一形象对卢梭来说，一定包含某些尤其令他厌恶的特质。事实上，这一形象不仅完全符合当时的时代精神，而且他所承载的思想，与卢梭眼中同时代的哲学与哲学家也十分契合。

卢梭对哲学的批判，虽在他早期的作品中已有显露，但在漠不关心的哲学家身上达到了顶点。早在第一篇关于科学和艺术的获奖征文中，卢梭就哀叹道，哲学家们完全不配他们享有的声名，人们在这些哲学家的学说中根本找不到真正的哲学。他认为，真正的哲学埋藏在人们的心中，人们只消返求诸己，在感情宁静的时候谛听自己良知的声音。真正的哲学，与同时代那些修辞华丽的哲学分道扬镳。卢梭接着在"第二论文"中，呼唤雅典吕克昂[①]的哲学家们作为裁判官来裁决他的文章。当他歌颂苏格拉底是科学的蔑视者、赞扬培根和牛顿为人

184

---

① 吕克昂是亚里士多德于公元前335年在雅典创办的一所私立学院。

类的先学时，他所提到的这些哲学英雄与他同时代的哲学家可不能同日而语。卢梭认为，后者必须为社会的堕落负责，并不惜以激烈的言辞对其进行驳斥。

卢梭对他同时代的哲学家们发出猛烈的批判，也许是因为他发现了科学的发展建立在牺牲信仰的代价之上："人们越来越博学多才，可信仰却消失了。"在最早的一篇关于"第一论文"的辩护中，卢梭就已经认识到，同时代的哲学家们——他首先想到的大概是百科全书派的友人们——"自欺欺人地认为，自己没有宗教信仰"。卢梭虽然不曾谈及自己的宗教信仰，但这一看法却使他在心中、在笔下对科学的不断传播表示出疑虑。当卢梭发现，科学不仅威胁到宗教信仰以及个人的虔诚心，甚至连社会中的公共美德也面临同样的危机时，他的疑虑更重了。

在1752年为了剧本《纳尔西斯》（此剧曾在法兰西喜剧院上演）的出版而写下的序言中，卢梭鲜明地表现出对哲学的抵抗，毫不亚于他不久后写出的"第二论文"中关于哲学家的片段："一个人一爱上哲学，他就会松弛与社会的联系，他就不那么尊重和亲近人。这也许是哲学给人类带来的坏事之中最危险的坏事。"① 其中的思想与捂住耳朵的哲学家的画面所反映的内涵完全一致：哲学，扼杀了他的怜悯心。这名哲学家对人类以及对人性的思考，教会他"按照人的价值来评判人"。因此，他不可能对别人产生深厚的情感，他对别人漠不关心的态度使他将一切利益都捞归自己。在他看来，什么家庭、

---

① 译文参照：《纳尔西斯序言》，载 [法] 卢梭著，李平沤译《卢梭散文选》，天津：百花文艺出版社，1995年，140页。

祖国都是空话。哲学家自视甚高、傲气十足，他既不是"任何人的亲友，也不是公民，也不是凡人。他是哲学家"。

《纳尔西斯》的前言不是一出喜剧的前言，而是作者卢梭进行自我剖析后发出的原则声明。从这篇文章开始，卢梭告别了他自打 1749 年以来出版的一切作品。他也从此停止参与关于"第一论文"的论战，虽然他此前曾多次发表檄文投入到这场论战中去。卢梭声名败坏的主张，即艺术与科学不仅无益于敦化风俗，甚至会导致道德沦丧这一观点，在《纳尔西斯》的序言中基于新的事例再次得到论证。卢梭认为序言使自己的主张被升华到更高的层次。此外，卢梭还试图说服普通大众，自己对科学与艺术的抨击绝不仅仅是个哗众取宠的噱头，他对此是认真的。为了让大众能够相信他，卢梭必须向其证明，自己已立下决心，按照自己文章中的基本原则来约束自己的行为举止，并将此原则作为自己生活的主旨。当卢梭通过一场彻底的改革，使自己的生活与自己的学说达成一致时，他正是在发出强力的宣言。在《纳尔西斯》的序言中，卢梭宣称，哲学会削弱人们互相尊重、互相爱戴的连带感。这实际上是在重复他在获奖征文中提出的对社会的控诉。但在此处，原先的社会批判被赋予了一种新的色彩，它明确了卢梭通过改革所期望达成的目的：改革，需要重新建立人与人之间在交往中的尊敬和温情。这一段落与卢梭"第二论文"的主旨也完全契合。

"第二论文"中，捂住耳朵的哲学家这一段，的确是卢梭对哲学之道德价值的抨击。但这并不是让他日后对这段文字感到如此不快的原因。卢梭与同时代的哲学家以及他们的哲学之间巨大的隔阂，早在他（作为他笔下社会批判的结果）从大城市销声匿迹、隐居于圣 - 日耳曼森林中独自冥想，选择了一

186

种与他的哲学家朋友们截然相反的生活方式的时候，就已经再

187 明白不过。卢梭选择孤独，是在抨击友人们的哲学思想：他们
更看重理性的讨论而不是孤独的冥想；他们将公众看作舞台，
哲学就在这舞台上履行它的职责。直到后来，卢梭才认识到，
对这些朋友来说，他在生活方式上的转变，和他孤独的隐居生
活不仅是针对他们的批判，而且还是一种危险的抨击。这导致
了他们——卢梭觉得自己认识到这一点太晚了——对他产生了
敌意，而且布下阴谋去陷害他。

卢梭宁可沉溺于大自然的怀抱，也不愿参加巴黎社交圈子
里的哲学讨论。因为他相信，哲学、艺术与科学所做的一切都
是为了得到大众的掌声，它们不可避免地带着这个时代的缺
陷，并且还不断加深这缺陷，让它四处蔓延。哲学、艺术与科
学假装要打倒某些事物，实际上却促进了它们的生长。卢梭相
信，自己发现了哲学这种"给坏事抹上一层涂料"的作用。
这让他对哲学激烈的批判显得名正言顺，直到这批判在捂着耳
朵的哲学家身上达到了巅峰。

卢梭对哲学发出的猛烈批判，给人这样一种印象：他似乎
谙熟哲学家们在他们的私密小圈子里所进行的讨论，他能够揭
露同时代哲学中所隐藏的思想与内部的教条。这名哲学的批判
者本身是哲学家圈子的一分子，他暴露了狄德罗和百科全书周
边的哲人们故意对世人隐藏的秘密。虽然没有点名道姓，卢梭
在他最早的著述中，已经同这种哲学划清了界限，在他不久之
后写成的《关于戏剧演出给达朗贝尔的信》中，卢梭对这种哲
学提出了明确的抗议。当卢梭将他与狄德罗等人之间的矛盾在
1755年公开化时，后者必然面临着一个紧迫的问题，这就是
卢梭将会以什么样的方式利用他所知晓的内幕学说呢？而卢梭

自己，也必须回答依然留下来的朋友们提出的问题：与同时代 188
的哲学决裂之后，你是谁呢？"我绝不是一个哲学家，"他在
1760 年给书商的信中写道，"我只是个老实人，从不对任何人
动坏心眼。我敬重体面的普通人，并想尽力告诉他们一些有益
的真相。"卢梭明确宣称自己不是哲学家，这也是在强调自己
对信仰的忠诚与对宗教的崇敬："我无法去相信那些我不相信
的，我也无法去背弃那些我所相信的。"卢梭在同一年的另一
封信中写道——同时也阐明了自己的信仰——"我怀疑，这
世上是否有人比我更发自内心地热爱和崇敬着宗教。即使这虔
诚的信仰，也不能阻止我嫌恶和鄙视人们硬给它贴上野蛮、不
公道以及危害社会的标签"。

　　哲学家们的隐秘学说也从其他侧面受到了攻击。1760 年，
帕里索（Palissot）的戏剧《哲学家们》在巴黎引起高度瞩目，
因为他在剧中讽刺挖苦百科全书派的学人。这部戏剧也揭示了
百科全书派对宗教的蔑视——"Nous n'en voulons plus."（我
们对此毫无兴趣。）帕里索在台词中如是说。百科全书派宣扬
的是一种无所顾忌的利己主义。为了实现一己之幸福，他们可
以不择手段，对他们来说，唯一重要的事情在于"不惜用任
何手段达成自我之幸"。当帕里索宣布，哲学家们除了破坏之
外别无所求时，他对哲学家的揭露达到了顶点："他们精于毁
灭艺术，却什么建树也没有。"这就是剧中对哲学家们所下的
评判。

　　当卢梭在致帕里索的一封信中抗议后者对狄德罗（在剧
中以多迪丢斯之名出场）的处理时，卢梭所否定的倒不是帕
里索对当时哲学家的内幕进行的披露。因为这与卢梭本身在著
述中所表现出的立场一致，与他在晚年作品《卢梭批判让 -

189 雅克：对话录》中，试图揭发狄德罗等人陷害他的阴谋时，斩钉截铁地做出的判断也十分契合。在《对话录》中，卢梭痛斥这种新的哲学为一场阴谋，它不亚于耶稣会教士们被逐出法国之前所干的事——控制人们的想法，树立思想的专制统治。在这部晚年作品中，卢梭将他早年那些友人们的哲学比作宗教裁判所。哲学对异己的排斥，表面上看虽不那么露骨与严酷，因为它没有再遇上反叛者。但如果再生出几个有神论者，或者宗教、宽容、道德的真正捍卫者，他们马上就面临最可怕的迫害："很快，比另一个裁判所（指宗教裁判所）更假惺惺、血腥味并不逊色的哲学裁判所会叫人毫不怜悯地将任何敢于相信上帝的人烧死。"[1]

就在伏尔泰当众抨击刑事司法当局，以理性的名义对严刑逼供和非人道的司法裁决进行讨伐时，卢梭开启了一方新的阵地——反对启蒙所导致的信念恐怖主义（Gesinnungsterror）。他相信自己发现了一种隐秘的裁判权，公众在不知不觉中成为了哲学家的工具。卢梭认为，公众成了审判官，迫害无辜的自己。这是一场没有原告、没有被告、没有审讯过程的案件，这是一桩利用了大众舆论和告密揭发的阴谋，它像瘟疫一样四处传播，没有人知晓真相。在他生命最后的几年里，卢梭认为自己是一种新型的思想恐怖主义和阴谋的第一个牺牲者。对他来说，理性的时代是冷落理性的时代，不让它发出一点声音："偏见和愚钝以理性之名统治世界，人们被自己高傲的学识搞得头脑混乱，他们的认知再也听不见理性的声音，正如他们的内心再也听不到自然的声音。"

---

① 译文参照：《卢梭批判让－雅克：对话录》，291 页。

第三十七节　利己心与人类的幸福

那位不愿听到窗下悲鸣的哲学家，对自然的声音亦是不闻不问。我们可以想象这样一个场面：房间内，哲学家坐在他的书桌前，正撰写一部关于社会幸福，或是普世道德的著作。正在这时，有人在他的窗子底下被谋杀。他听到这个不幸的人悲惨的叫声，但在斟酌了一番之后决定对其充耳不闻，他不希望自己关于普世伦理的工作遭到打扰。哲学家思考整个人类之命运的工作是如此重要，眼前所发生的不幸丝毫不能打动他。正如泰勒斯仰头望着天上的群星却忘了看脚下，结果栽进井里，被色雷斯人的女奴嘲笑"地上的事还没弄清楚就要弄清楚天上的事"一样，这名哲学家也游离于俗世之外。对他来说，一切发生在眼前的事情都毫无意义。但此处，哲学家思考的既不是天文现象也不是理论问题，而是人类的幸福。这样的话，人们对他的举止就不能一笑了之，人们对他充满了愤慨。

卢梭认为，捂住耳朵的哲学家过度的深思熟虑，扼杀了他的怜悯心，压抑了他对窗下那名可怜人施救的自然冲动。深思苦想虽然使他的善意与温情能够覆盖整个人类，却让他在现实中施助的能力退化。我们要为了全人类的幸福而奋斗，在需要对具体的对象承担义务时，却推三阻四。随着认知世界的扩大与行动空间的扩展，我们对身边的具体的人所抱有的道德情感与道德冲动，以及对他们抱有的怜悯心与同情心会不断减弱，直到我们的认知和行动范围（在理想情况下）覆盖整个人类。为了让我们的认知范围与行动空间得以扩展，就必须要去除人类最原始的道德反应。当人们在哲学的层面思考整个人类时，人类原始的道德反应是忽略不计的，这种思考以牺牲身边的道德行为做代价。

与此同时，利己心也就有了十足的存在理由。利己心号称有助于实现整体的幸福。在一个行动空间不断拓展的社会里，利己主义——"私人的恶行，公共的利益"——甚至以利他主义的形式出现。这一论点确保了利己主义的正当性，也给人们卸下了沉重的道德负担，但这并不是关于道德的真相。这种去道德化的行为中所体现出来的思维方式，被卢梭称为 *s'argumenter*，这是一个他自己发明的词，用来形容那些劝告人们满足现状的自圆其说的思维方式。这种思维方式同时意味着陷入不容改变的死局，陷入狂热主义。自圆其说的思维方式通过扼死人们心中自然的冲动，并让抽象的思索取而代之，来使人们陷入狂热主义。

在卢梭对莫里哀《厌世者》的诠释中，他认为上述逻辑正是剧中主人公的性格特征，"不断地洞察社会上的混乱现象迫使他忘掉自己，把注意力集中到人类的问题上去"[1]。这位斯多葛式的人间观察者对于他人之冷漠，导致他对与自己相关的事物越来越敏感。卢梭在评价莫里哀笔下的费利特时写道：人们可以预见，这名以斯多葛式的冷静面对社会上之乱象的哲学家，哪怕是再微小的不快触犯到他自己，他都会恼羞成怒。"事实上我注意到正是那些对社会上的不公采取冷漠态度的人，只要稍一碰到他们的个人利益就会暴跳如雷。他们相信自己的哲学，只在它不要求他们做自我牺牲的限度内才是可行

192

---

[1] 译文参照：《关于戏剧演出给达朗贝尔的信》，载［法］卢梭著，王子野译《卢梭论戏剧》，北京：生活·读书·新知三联书店，2007年，41页。

的。"① 为了揭露这种自我认识的误区，卢梭一反常态，讲了一个爱尔兰人的故事。此人的房子已经着火了，而他还在床上赖着不想动弹。人们向他喊叫"着火了，快出来"，爱尔兰人答道："着火同我什么相干！我不是房主，我是房客。"最后火烧到他身上来了，他才一跃而起，跑下地来乱喊乱叫。他这才开始懂得，有时候也需要关心自己住的房子，虽然它不属于自己。

当卢梭在《关于戏剧演出给达朗贝尔的信》中宣布，他将在一切公众场合与他昔日的友人——百科全书派哲学家们决裂的时候，他指责他们的方针是"打着人类幸福的幌子，追逐某种特别的利益"，称他们所谓的人类全体幸福是为了掩盖他们的别有用心。卢梭认为，将公共利益与个人利益混淆，源于一种哲学家特有的傲慢，这种傲慢唆使他们想当然地认为，自己的利益即是公共利益。在卢梭眼中，这种自我蒙蔽使得所有哲学领域的建言献策都黯然失色。于是他建议人们修改标准来重新判断公共利益是否存在，比如不再试图建立公共利益与特殊利益之间的一致性，而在个人利益与公共利益的对立与紧张关系中去发现它："只有当它与我们的亲朋挚友、与我们自己的利益相悖的时候，我们才敢说，自己始终在提倡全体人类的幸福。"

对于风靡一时的唯物主义哲学来说，愉快与不快的机制是他们主要的研究课题。恐惧、怜悯心，以及所有作为其他感情的反应，或者对其他感情起作用的情感，都被看作是干扰。它们会使情感装置失去可控性，成为追求快感的法则中的绊脚 193

---

① 译文参照：《关于戏剧演出给达朗贝尔的信》。

石。除了人类最原始的快感冲动与不快的冲动，其他任何情感都证明了自然的缺陷，它们对美化世界毫无帮助，反倒会破坏情感的正负平衡。人们若要改善这些情感，那只有一个办法：人们必须对世间一切的困苦与不幸视而不见，并且拒绝怜悯心，因为它只会破坏快感与不快之间的情感平衡，而不会使它更好。人们的终极目标——抵达永无痛苦的状态——建立在这样一个设想之上：人类的天性具有无比的适应性和可塑性。如果人们可以控制自己对愉快与不愉快的感受，人们就可能在未来的某一个时刻建立起人人幸福的社会。为了实现这一目标，人性必须接受天翻地覆的改造。这也许是让哲学家扯下睡帽捂住耳朵，对窗下可怜人的悲鸣不闻不问的哲学思想。出于对那些怜悯心无法改变的事情的盲目信仰，他扼杀了自然在他心中发出的声音。

第三十八节　对于冷漠的狂热主义

卢梭对捂着耳朵的哲学家这一桥段的否定，让人感到，似乎这一形象是他作品中昙花一现的异数。但实际上，这一形象在《爱弥儿》中再次登场。而这时候，卢梭与狄德罗的关系已经破裂，后者也不可能对他的写作施加任何影响。在一处关于狂热主义的长脚注中，卢梭警告人们要留心哲学家们打着阐释自然的幌子，将他们阴暗的学说散播到人们的心中，"他们自高自大地说只有他们才见多识广、心地真诚，因此就可以不由分说地要我们听信他们那些尖酸刻薄的话，要我们把他们空

194

想的不可理解的学说作为事物的真正原理"①。这些教条主义的怀疑者把一切搞得乌烟瘴气，他们对人类所尊重的一切东西加以破坏和践踏。他们使受压迫的人们失去了苦难中最后的安慰，使豪强和富有的人失去了克制他们欲念的唯一羁绊。"他们不仅从人心的深处消除了对罪恶的悔恨和对德行的希望，而且还自夸是人类的救星。"②

　　人们在这里又一次发现了卢梭曾经在他的早期作品中抨击过的哲学。为了将其与真正的哲学区别开来，卢梭发明了一个词 *parti philosophiste* 来称呼前者，并认为他们的主张——"陶冶有真正哲学家的民族比陶冶有真正基督徒的民族更容易"——是这群人典型的思维方式。卢梭在《社会契约论》中曾经反驳过这一主张。他认为，世上没有什么事比建立一个哲学家的民族更无望的了。因为，"缺失宗教的哲学"同样有可能被滥用，正如过去"缺失哲学的宗教"那样。这一主张中隐藏着卢梭的挑衅。当时的人们普遍相信宗教狂热主义的存在，对哲学的狂热主义却一无所知。人们认为，哲学是对狂热主义及其危害的抵抗，哲学与宽容始终站在同一条战线上，这给哲学对迷信和宗教的讨伐赋予了正当性。在 18 世纪的法国哲学中，狂热主义与迷信、宗教正统主义、不宽容是同义词。"狂热主义之于迷信，正如咆哮之于愤怒"，伏尔泰如是说。伏尔泰认为，狂热主义与迷信不可分离，且前者正是后者必然具有的表现形式。根据当时普遍认同的看法，打倒狂热主义唯一的妙药就是——哲学。

195

---

① 译文参照：《爱弥儿》，454 页。
② 同上。

宗教神学的反对者比埃尔·培尔（Pierre Bayle，1647—1706）不满足像那些启蒙哲学家一样，仅仅去谴责宗教狂热主义。培尔对接下来的讨论提供了一个非常有启发性的论题：人们认为，在狂热主义的诱惑中，无神论者通常是无辜的。在这一问题的看法上，卢梭继承了培尔，"培尔已经很清楚地证明宗教的狂热比无神论是更有害的，这一点确实是无可怀疑的"[1]。虽然卢梭看上去是在赞同这种对无神论的名誉辩护，实际上他是在间接对其提出批判。卢梭认为，培尔在对狂热主义进行彻头彻尾的诅咒时，保留了一些情况没有说出来。"他还小心翼翼地保留了一个同样真实的情况没有说出来，那就是：宗教狂热尽管是容易导致血腥和残酷的行为，但不失为一种强烈的热情，它能鼓舞人心，使人把死亡不看在眼里，赋予人以巨大的动力，只要好好地加以引导，就能产生种种崇高的德行。"[2] 这就是说，宗教狂热如果得到正确的引导，或能在人们心中唤起高尚的美德。狂热之恶有可能衍生出善。卢梭对宗教狂热主义的辩护在他的时代是孤独的，连他自己都曾经在《社会契约论》的第一稿中，对培尔以及启蒙派哲人们对哲学与宗教狂热主义间关系的看法表示赞同，"若不是哲学与法律遏制了宗教狂热主义的盛怒，若不是人类的声音高过了神的声音，恐怕这世界会血流成河，人类也即将不复存在"。

卢梭对宗教狂热不合时宜的辩解，一定别有深意。对狂热的辩护使他提出了一个在当时的哲人看来十分可憎的主张：哲

196

---

① 译文参照：《爱弥儿》，454—455 页。

② 同上。

学，也有可能成为一种狂热，而且是狂热中格外危险的那一种。哲学狂热主义尤其危险的地方在于，它并没有采取人们熟悉的宗教狂热主义的表现方式，它是看不见摸不着的。哲学之所以在卢梭的眼中变得如此危险，是因为它在不知不觉中摧毁了社会存在的基础。虽然哲学不采取宗教狂热的方式，但它所招致的灾难绝不亚于后者。卢梭甚至认为，好辩的哲学（l'esprit raisoneur et philosophique）使人的心灵变得十分脆弱，把所有的热情都倾注于个人的利益。

卢梭在1756年8月18日写给伏尔泰讨论里斯本大地震的信件中，谨慎地对培尔"无神论并非狂热"这一观点进行了些许修正。卢梭语出惊人，他声称，这世上不仅有狭隘的宗教信徒，也可能有狭隘的无神论者，后者或许会将整个民族引向信仰沦丧的深渊。要是让他来干，卢梭说道，他会毫不留情地将无神论者放逐出社会，正如放逐那些逼着人们与自己信仰同一宗教的人一样。这段话显然是针对伏尔泰所说，而不是针对宗教宽容的支持者。对后者来说，不宽容的思想本身就是有悖理性的。与他们的立场相对，卢梭的公民宗教（religion civile）头一次变成了一种强迫理性要忠于诸民族间和平的宗教。

与培尔认为无神论不具危险性的看法相左，卢梭认为，无神论中包含着对社会的危害。在他看来，无神论之所以不造成流血事件，并不是由于无神论者爱好和平，而是因为他们对事物漠不关心。他们的冷漠，比宗教狂热主义导致的流血事件更加危险。因为无神论者的漠不关心扼杀了人们心中行善的冲动，"只要那些自认为睿智的人能够安静地待在他们的书斋里，则无论发生了什么事都同他们没关系"。这就是当窗边有

197

人被谋杀时，捂住了两耳的哲学家。他对世间发生的一切毫不关心，对一般的事情——比如是否有人会被谋杀——漠不关心。他不会去试图改变事物的样貌，一切听天命。他本人不会成为制造流血事件的凶手，但他对自己力所能及的善事等闲视之，对不幸的人袖手旁观。无神论者不会施暴，他们的行为与宗教狂热者不存在相似之处，但他们的思想却暗暗滋生出一种不利于自己的保留心态，这种心态一旦被普及，人与人之间的关系将会遭到离间。

卢梭怀疑，无神论主义者们会出于对单纯利益的追逐而篡改社会习俗，以至于通过堕胎来威胁人类的繁衍。无神论者的观点虽然不会导致人与人之间相互杀戮，但它"可以妨碍人的繁殖"。他们的自私自利不仅葬送了社会中的美德，同时也由于支持堕胎而抑制了人口的增长。哲学家这种漠不关心的态度（l'indifférence philosophique），对卢梭来说只是狂热主义的另一种表现形式。出于热情，卢梭得以对宗教狂热主义做出一定程度的辩解，这使他认为，哲学家的漠不关心比宗教狂热主义显得更糟糕。人们今日所谓的"哲学风气"（philosophischer Geist）从长远看来，比人们视若洪水猛兽的宗教狂热（它同时也是哲学要克服的对象）更具危害，因为后者的危害性仅限于其引发的直接结果。

198　　　卢梭对他同时代的哲学所抱有的怀疑，引发了两个问题：一、如果哲学不光在书本上列举一些好听的教条，会出现何种情况呢？二、当哲学家舒舒服服地坐在宝座上的时候，是不是能够克制人的虚荣、利欲、野心和无聊的欲念呢？卢梭对此表示十分怀疑，"他们是不是实际做到了他们通过舞文弄墨向我们大肆吹嘘的美妙的人道行为"①。卢梭用一句警告结束了他的长脚注："哲学家，你那些道德的法则的确是很漂亮的，不过，请你告诉我，它得到了谁的承认。你别那样转弯抹角地，请直截了当地告诉我，你用什么东西来代替报塞桥（Poul Serrho bridge）。"② ——代替那条跨越永恒之火的桥，虔诚的信徒只要对自己的罪行进行忏悔，就可无所恐惧地走过。

第三十九节　作为诱惑的无神论

有一部题为《埃皮奈夫人的反忏悔录》的臭名昭著的回忆录，号称旨在驳斥卢梭的《忏悔录》。这部回忆录在狄德罗与格里姆的影响之下写成，其中描述了这样一个场景：哲学家们在餐会上开诚布公地交换意见，全无通常情况下的含蓄矜持。他们谈到了宗教，并且口无遮拦。基诺娜小姐大惊失色，求哲人们至少应对自然宗教网开一面。达朗贝尔回答道："得与其他宗教一视同仁。"这时候卢梭（在回忆录中以热内这一名字出场）表示抗议："如果说，背着一个朋友说他的坏话是件丑事，那么当着上帝的面去污蔑他，就是犯罪。先生，我信上帝！如果您再敢说一个字，我就立即离开。"

卢梭的信仰告白佐证了这一惊人场景的真实性。紧接着这一场景的，是卢梭与埃皮奈夫人之间的一段对话。卢梭向她承认，曾经也有那么一段时间，自己对达朗贝尔的观点表示赞成："夫人，当我在书房中，握紧双拳捂住眼睛，或者当我在

199

---

① 译文参照：《爱弥儿》，454—455 页。
② 译文参照：《爱弥儿》，456 页。报塞桥指在伊斯兰教信仰中，死者在阴间接受审讯后必然通过的一座桥。

夜晚的黑暗中，有时我的想法会与达朗贝尔一样。但是您看——他伸出一只手指向天空，抬起头，眼中充满了启明的光——当那初升的太阳冲破黑暗，笼罩着大地，当它将我置于这光芒四射的、奇迹般的自然之光和影中，我心中的阴郁立即一扫而空。我重新找回了我的信仰，我的上帝，我对这法则的笃信。我向他祈祷，拜倒在他的脚下。"无神论是黑夜里的蛊惑，哲学家握紧拳头捂住眼睛，这个姿势让人不可避免地想到了那个捂住双耳的哲学家形象。在这两种情形下，捂住眼睛和捂住耳朵的姿势都是为了屏蔽感知，让人听不见或者看不见。通过讲述他在黑夜中的彷徨，卢梭想说的是，当人们开启自己的感知，就能抵抗无神论的诱惑。这样人们才得以克服对世事的冷漠。卢梭在这篇伪造的回忆录中做出的信仰告白——"我希望做一个正直的人，一个好基督徒，我想在平静中死去"，同时也表现出，这名无神论的反对者并不善于不假思考地皈依某一种信仰。卢梭想成为一个基督徒，但是他终究没有做到。卢梭有一次曾解释过，他相信这世上没有任何事物比宗教更能慰藉人的心灵。如果他发现有的话，那么自己会执着于它。

我们可以推测，在狄德罗和卢梭之间大概曾经有过一场关于无神论的笔战。卢梭在《忏悔录》中写道，当他与狄德罗以及百科全书派学人成天混在一起时，他的信仰不单没有变弱，而且还增强了。"我和百科全书派的人们往来，远没有动摇我的信仰，反而使我的信仰由于我对论争与派系的天然憎恶而更加坚定了。我对人与宇宙的研究，到处都给我指出那主宰着人与宇宙的终极原因与智慧。几年以来，我致力于研读《圣经》，特别是福音书，早就使我鄙视最不配了解耶稣基督的人们所给予耶稣基督的那些卑劣而愚昧的解释。"①

在他所有的作品中，卢梭变换着式样，不断地强调他"悲哀而伟大的系统"之连续性和它所产生的后果。只有在一处地方，卢梭承认了自己的疏忽。在《关于戏剧演出给达朗贝尔的信》里的一个注释中，卢梭提到，他改变了自己对美德与宗教之间关系的认识："长期以来我一直坚持着没有宗教信仰也能有美德这种错误的观点，但是现在我已经放弃了。"②这一出现在意外位置的告白，标志着卢梭与他的朋友们的决裂。因为哲人们相信，人们称为美德的那些特征，只有摆脱宗教后才有可能获得。卢梭虽然对宗教抱着虔诚的心，但在很长一段时间内也同意巴黎哲人们的观点。他们之间的分歧，比上述基诺娜小姐家的餐会，以及卢梭与埃皮内夫人对话的场景所揭示的问题要深刻得多。

狄德罗怕是打从那时候起，就对卢梭宗教信仰的诚实性起了怀疑。在狄德罗看来，卢梭从新教皈依天主教，之后又改信新教，证明他不是一个真正的信徒。"这个人不老实，像撒旦一样自负、忘恩负义、残忍、伪善、充满敌意。他从新教改信天主教，又从天主教改信新教的一切不忠，清楚地说明他什么也不信。"狄德罗在他所谓的《记事簿》中，对卢梭写下的"萨瓦牧师的信仰告白"的批判也是同样辛辣。此文是唯一一部伏尔泰不含讽刺、真心艳羡的卢梭作品，而狄德罗却反唇相讥道："他获得那些盲信者的支持。他们对他的兴趣，全因了他对哲学的中伤……他们一直期望他皈依宗教，他们坚信，他

---

① 译文参照：《忏悔录》，484—485 页。
② 译文参照：《关于戏剧演出给达朗贝尔的信》。

早晚会逃离我们的阵营，投奔到他们那儿……我见过这个 R
（指卢梭）围着一个嘉布遣会女修士献殷勤，为了在某个美好
的上午与她交欢。这是个无法无天的家伙，在无神论与施洗的
钟声之间来回摇摆。"对狄德罗来说，卢梭是无神论的叛逆
者，这也是他的信仰多次来回变化的原因。这个解释表明，哲
人们认为无神论是唯一正确的信仰。卢梭也无法完全摆脱这一
信仰。

上述观点也隐藏于基诺娜小姐家的那一幕之中，埃皮奈夫
人秘密的回忆录写给不太久远的下一个时代。人们显然认为，
在这个即将到来的时代，人们不再需要对无神论遮遮掩掩，它
将成为普遍的、公开的信仰。狄德罗的私人笔记也证明了这种
期待。卢梭则正好相反，他成了一个鲜明的例子，证明在一场
论争中会产生一些并非是旨在探求真理，而是旨在划清界限的
观点。卢梭那些自认为重要的观点源于他执拗的性格，源于他
想要反抗友人们的信仰与说教。因为哲人们认为卢梭有可塑
性，并试图去控制他，他就开始寻找一切不利于他们的事物。
正是在卢梭执拗的反抗心之下，他开始接近一些平时并不在意
202 的信仰教条。他对友人们所坚持的无神论之反抗使他发现，笃
信社会、笃信新式哲学的力量，比笃信宗教更加危险。一个宏
伟的代替解决方案就这样被卢梭发现了。

正因为当时的哲学猛烈地抨击宗教之谬误，卢梭声称，世上
任何哲学都会从自身的角度导致新的谬误与偏见。在《关于戏剧
演出给达朗贝尔的信》，也就是他与百科全书派学人的决裂书中，
卢梭将这一论点推向了极致："在这个时代，偏见与傲慢支配
着世界，谬误给它自己取名为哲学。"摧毁任何一种偏见，必
然伴随产生新的偏见，当哲学想要取代偏见，它自己会变成最

终的、无法被洞悉的偏见。宗教只有作为受哲学迫害的对象时才是无辜的。卢梭从未承认宗教的绝对无辜，他笔下对宗教狂热主义与宗教裁判所的批判可以为证。不过是哲学家们企图代替宗教的居心，使宗教变得无辜。在遗稿《卢梭批判让－雅克：对话录》中，卢梭对同时代哲学的反论走向了对未来的预见。卢梭预言，这种新的意识形态将获得支配性地位。这一预言中所表现出的悲观主义情绪超越了当时所有的思想。卢梭遗稿中所流露出的有关存在的氛围（existentielle Klima）也明显区别于同时代的作品。这部遗稿与克尔凯郭尔和卡夫卡的距离，比卢梭同时代的任何一个作者都要近。

第四十节　双重作者身份

　　究竟谁才是"捂着耳朵的哲学家"这一段子的真实作者？　203
在《忏悔录》的注释中，以及在致圣－日耳曼先生的信中，卢梭不仅断定狄德罗是段子的作者，而且还举出了一系列理由，这让读者很难去核实卢梭自己的以下主张。他在进入写作生涯的初期曾经模仿过狄德罗的文风，而且狄德罗当时与他在思想上交流甚密，以至于前者完全有机会写出一个段子，毫无异样感地添加进他的论文。至少卢梭指出了狄德罗作品中特有的严峻的笔调和阴森的风貌，这种文风在哲学家段子中也同样清晰可辨。但是，与卢梭上述所有的主张相悖，哲学家段子在"第二论文"中再次出现，而且在彼处颇符合他对当时哲学的批判。一般的读者不会感觉捂住耳朵的哲学家这一人物形象在文中是一处异样的存在，最多是歇斯底里式的夸张语调使得这个段子在整篇论文中有些惹眼。因为整篇论文哪怕是进行文明批判的时候，也尽量避免使用中伤的口吻。

对一个问题的阐释产生分歧，这在两个性情迥异的朋友之协作中，是再平常不过的了。比如卢梭在"第一论文"中就引用了狄德罗的话语，并且显然借鉴了他的想法。这里，卢梭引用了狄德罗在 1746 年出版之后即遭到封杀与焚烧的《哲学沉思录》（Pensées philosophiques）。在注释中，卢梭用缩写"Pens. Philosoph."来表示这本书。"第一论文"中的此处引用论及科学对道德所产生的影响，卢梭提到科学教养对道德品质的危害：孩子们不会辨别谬误与真理，却有本领用似是而非的诡辩使得别人无从识别。可是他们并不知道高尚、正直、节制、人道、勇敢这些名词究竟是什么，祖国这个可爱的名字永远也不会打进他们的耳朵里去。在这里，卢梭引用了狄德罗的句子："如果他们也听人讲说上帝，那也并不是由于敬畏（Furcht）上帝，而只是对上帝怀有恐惧（Angst）罢了。"① 在这句对狄德罗的引用中，卢梭论争的修辞达到了顶峰。

可是，在《哲学沉思录》中，狄德罗的表述却别有意味："有一些人，不应当说他们敬畏上帝，但是可以说他们是恐惧上帝的。"通过玩味"敬畏"与"恐惧"这两个字之间的文字游戏，狄德罗想要表明的是，人们对上帝的敬畏源于恐惧。而卢梭的看法正好相反，恐惧不会带来对上帝的敬畏；恐惧是一种人造物，它将摧毁人与上帝之间的宗教纽带。我们完全可以想象这样一个场景：狄德罗在二人的讨论中给卢梭指出《哲学沉思录》中的这个片段，为了让后者在自己的论文中把它加进去。我们也可以想象，二人是如何争论不休，以及卢梭最后是如何向他的朋友做出了让步。他引用了《哲学沉思录》

① 译文参照：《论科学与艺术》，30 页。

中的片段，但同时赋予这个片段一个新的、与他的朋友不同的意图。

　　究竟是谁，出于什么样的目的，塑造了捂着耳朵的哲学家这一形象？这个问题也是同样复杂混乱。因为卢梭曾经在《忏悔录》中提到，他感到有奖征文的题目——论人类不平等的起源——颇为大胆且不无危险。这样的话，在他日后回首自己的文章时，其中关于哲学家的段子肯定显得很不谨慎，因为这一段所蕴含的责难之意，表达得虽然婉转但很容易辨认得出。卢梭之后在《爱弥儿》中的描述显示，那个独坐在书房、将外界屏蔽并任由世事顺其自然的哲学家，是一个无神论者——在当时的情形下，无神论者暴露身份是一件颇危险的事儿。综上所述，"第二论文"的读者们大概不费力气就看得出，卢梭在这里并不是批判哲学本身，而是在批判无神论主义的哲学。

　　如果上述阐释属实，而且——如卢梭所言——狄德罗才是真实作者的话，那么狄德罗为什么要偷偷地在他朋友的论文中，加入这么一条自我诋毁的段子呢？如果他不是为了用这个段子来污蔑自己的哲学，那么狄德罗本来的写法，一定与这个段落在整篇文章的上下文中所体现出来的意思有差别。哲学家不想听到可怜人的哀号、捂住耳朵的场景，与狄德罗一系列的思想实验倒是逻辑贯通，比如他曾经提到一个盲人对自己身边发生的谋杀事件毫不知晓。在上述捂耳朵的哲学家之事例中，主人公的感官无任何障碍，导致他不想去看、不想去听的，是他内心里对外界事物的看法。这些想法让他选择袖手旁观。这名无神论者心中的哲学理念告诉他，即使他离开书房去搭救不幸的人，世界也不会因此变得更好。狄德罗也许是想说，一个

205

源于哲学信仰而做出的决定，可能与盲人的官能障碍所造成的结果相同。

如果是这样的话，狄德罗通过他的思想实验所要表达的，是人们在特定情况下公认的事实。如此一来，哲学家的段子就成了狄德罗想出的诸多思想实验中的一个，旨在证明人的感知力与道德反馈之间不存在必然联系。狄德罗可以在他朋友的论文中偷偷混入自己无视道德预设的哲学思想，他甚至还可以诱导读者对他自己的哲学产生强烈的道德谴责心。对于狄德罗这样一个作者来说，这种手法太司空见惯了。他不仅在他自己编校的《百科全书》中匿名撰写了大量词条，而且狄德罗本人署名的著作中，也表现出各种各样不同的甚至相互矛盾的姿态，就像是一出思想的哑剧在上演。游戏式的自我否定符合狄德罗的风格。除此之外，这两名性情迥异的哲人之间特殊的友谊，也可能导致了二人之间这种奇特的合作方式。

也有另外一种可能：狄德罗早在当时就企图用哲学家的段子来引诱卢梭打破他一贯的谨慎，让他开诚布公地承认自己对新哲学以及百科全书派学人的内部学说之反感——当时卢梭还没有勇气对此坦白。卢梭之所以在很多年后感到这个段子成了自己的眼中钉，也许因为他当时正在寻找一切证据，来证明狄德罗等人针对他的阴谋在很早的阶段就已经开始启动了。也许，卢梭甚至相信是狄德罗强行把这一段加到他的论文中，以便日后能够宣称，是卢梭以拐弯抹角但很容易被看穿的方式诋毁他们是无神论者，从此迈出了毁灭他们友谊的第一步。

第四十一节　隐秘的对话　　　　　　　　　　207

　　如果哲学不仅仅是哲学家们的活计，而在公共领域被言传、被宣扬，会出现什么样的情况呢？让·盖埃诺（Jean Guéhenno，1890—1978）认为，这正是卢梭和狄德罗二人在1754年初频繁的意见交换中所争论的核心问题。二人的结论水火不容：狄德罗认为，哲学作为对人类感知经验的阐释，应该得到普及；而卢梭指责沉思会阻碍人们通向内心中的真理。在1749年出版的"第一论文"中，卢梭指出，正是因为公众意见攫取了霸权性的地位，艺术与科学才会导致社会的衰退和公众美德的沦丧。因为艺术与科学一旦成为公众追捧的对象，学者与艺术家们所做的一切都是为了获得公众的掌声，他们的虚荣心会使得原本不坏的初衷衍生出有害的后果。一旦科学与艺术开始在社会上拥有一席之地，它们就会丧失原本的目的，被这社会中无所不在的虚荣扭曲变形。

　　狄德罗与卢梭之间的思想碰撞，不单单是体现在卢梭的"第二论文"中，狄德罗写于同时期的作品中也有所体现。1755年9月，也就是卢梭的"第二论文"出版之后半年，《百科全书》第五卷问世。狄德罗撰写的词条《自然权利》（*Droit Naturel*）含有一些或许出自卢梭之手的片段，以至人们有一段时间猜测，这个匿名的词条或是卢梭的杰作。比如说在文章结尾处，讲到普遍意志（allgemine Willen）永远不会犯错，这就很有可能是卢梭的手笔。这与卢梭对公共意志（volonté générale）的理解，以及他在七年后出版的《社会契约论》一书的精神十分契合。所以人们在此情形下多少有些怀疑，狄德罗也许并不是这个词条最主要的作者。　　208

　　狄德罗在发表《自然权利》这个词条时，没有署自己的名字，这不仅是因为此文的作者暧昧难以辨明，而是因为他四年前在《百科全书》的第一卷上实名发表的词条"政治权威"（autorité politique）惹下的麻烦。在这个词条中，狄德罗不仅在抽象层面发展了社会契约理论，而且还大胆地将其适用于法兰西王朝。他写道，法兰西王国建立在全民的许可之上，这是无声的共识，是一种契约。词条以这样一句振聋发聩的句子开始："不管什么人，大自然没有授予他命令别人的权利。自由是上帝的恩赐，每个人在理性的支使下，都有权享用它。"狄德罗在这里比他同时代的政治哲学家们走得更远了些，针对他的迫害依然在继续。在耶稣会士们主导的《特雷乌报》上，人们声称，狄德罗提出的基本原则"有悖于最高权威，有悖于法兰西王国的宪法和公共安全"。

　　1752 年 2 月，狄德罗的词条使《百科全书》遭禁，因词条中所推崇的准则会危及君主的权威。这时，哲学带来的新的自我认识所具有的风险显现出来。不过，将哲学普及化并不仅仅是百科全书派哲人的想法。当时负责出版和印刷品检阅的大臣拉穆瓦尼翁（Chretien - Guillaume Lamoignon de Malesherbes，1721—1794）救了《百科全书》。当他不得不向狄德罗通知《百科全书》遭禁一事时，拉穆瓦尼翁建议狄德罗先将稿件在他那里藏一阵子。几个月之后，拉穆瓦尼翁成功地使《百科全书》解禁。文人墨客们对这位检阅机构的大臣抱有十足的信任，卢梭在 1760 年将最初的告白书以四封信的方式寄给拉穆瓦尼翁先生一事，就可见一斑。但同时也可见，卢梭对检阅机构的态度是不同的——对卢梭来说，拉穆瓦尼翁先生与其说是检阅机构的长官，不如说是告解神父。卢梭从来没有匿名发表过任何文章，他在检阅的过程中，完全是依靠信任。

与百科全书派的学人一样，拉穆瓦尼翁先生也相信，检阅不可能实现它最终的目的："因为你不可能对他人的思想发号施令，所以禁书、对书进行检阅或者逼迫作者按照规定去写书都是不合理的。"如果有谁只读那些经过政府许可的书，那他会比他同时代的人落后一百年。与此相反，当时的文人墨客们更相信的，倒是检阅的措施所发挥的功效，因为这使他们的思想显得颇具危险性，也满足了他们的虚荣心。最终，《百科全书》在拉穆瓦尼翁先生的庇护下得以出版，狄德罗利用这一机会在勘误表中继续讨论政治权威的问题并表明了他的立场："能够阐明我们的立场，这很好。我们只是想将政治权威与篡权者的权威区分开来。那些篡权者夺去了合法的王公贵族脑袋上的王冠，但人们有义务听命于后者，哪怕他不那么仁慈。因为，合法贵族的权威来自上帝，而篡权者的权威只是一件被容忍的罪行。"

用官方能够接受的灵活语调来演绎极端思想，这是启蒙时期知识分子的拿手好戏。他们不仅深谙从字里行间传达政治信号的手段，而且还懂得通过否定来进行传达。在撰写关于"自然权利"的词条时，狄德罗已经掌握了所有想得到的手段 210 来确保文章不惹出乱子。从匿名发表到隐晦地传达政治主张，他无所不通。狄德罗对神法（das göttliche Recht）避而不谈，就像它根本不存在一样。让自然法转而取代神法的地位，以这样一种婉转和隐晦的方式来表达他的极端主张。新式的哲学以否认和回避作为手段，让自然的内在秩序与自然法来顶替神法原有的地位。狄德罗就这样不声不响地在他关于"自然权利"

的词条中迈出了将神法世俗化的关键一步。

在狄德罗为《百科全书》所撰写的一些其他词条，比如"Pouvoir""Puissance""Souverains"之中，他也致力于对君主制的改良。通过有节制的、具体的要求来表达激进的立场，是狄德罗的拿手好戏，同时他处理这些话题时寓教于乐的手法也独具特色。当谈到"自然权利"这个单词，他写道，每个人都耳熟能详，那么不论是哲学家还是从不思考的人都会坚信不疑，自己对它是颇熟知的。当问及什么是自然权利，后者既缺乏词汇又缺乏概念，只会求助于自己良心的法庭；而哲学家们则困在自己思维的恶性循环中找不到出口。如果能够明确地建立起几个原则，使之有助于人们去解决在涉及自然权利这个概念时经常遇到的最主要困难，这个词条就算是大有成就的了。

阅读这个词条的人会感到自己是一场对话的参与者。是谁说过，那些不怎么思考的人，一旦问及什么是自然权利，就只能沉默，去良心中找答案，他们的声音只有自己的内心听得见？这大概是卢梭的观点。或许是为了取悦卢梭，狄德罗才加上了那个陷在自己的思维恶性循环中找不到出口的哲学家，作为一个讽刺的形象。又或许是为了让卢梭感到困惑，狄德罗才对自然善与自然恶写下了那些讽刺的评语。尽管如此，这场对话交织着卢梭与狄德罗二人之间各种错综复杂的观点，它始终被一种朋友间的亲近氛围所笼罩。在结尾处，狄德罗用简单几笔勾勒出一幅包含着他自己与这位可疑朋友的存在图景（Existenzbild）："我们的状态是如此困窘，充满了争执与不安。我们拥有热情与渴求。我们想要幸福。"这是狄德罗勾画出的人类一般的境遇，更是当时的文人墨客们的生活实景，他们的生活被不安与贫穷裹挟，而且没完没了地彼此争吵。

第四十二节　变了质的动物

狄德罗的论述方式中所显现出的、所有趋向彻底改革的努力中，他仅在唯一的问题上表现得较为保守：对人是一种"沉思的动物"的定义。狄德罗的定义貌似没有超越老生常谈，不过是在重复亚里士多德曾经说过的话。但实际上，在这一看似平淡无奇的定义中，狄德罗延续了他和卢梭在后者撰写"第二论文"期间的论争。而且在这场论争中——正如卢梭对捂耳朵的哲学家这一桥段萌生出的不安所显示的那样，狄德罗的确企图对卢梭关于人类不平等的论文施加影响。为了捕捉到狄德罗定义的言外之意，我们必须将另一种与之对立的定义，将另一种对人类的认识同时纳入视野。这就是卢梭在"第二论文"中提出的著名的定义："如果自然曾经注定了我们是健康的人，我几乎敢于断言，思考的状态是违反自然的一种状态，而沉思的人乃是一种变了质的动物。（que l'état de réflexion est un état contre ature, et que l' homme qui médite est un animal dépravé.）"①

我们无法确定，卢梭在这句话中是下了一个定义，还是向狄德罗与其同仁们吹响了战斗的号角，抨击他们如此理解思考，将会丧失自己的良心——这良心本是作为公共理性机关而存在。卢梭对沉思着的人进行诋毁和斥责，这无疑是他对同时代的哲学所提出的最具决定意义的挑衅。卢梭的矛头尤其指向百科全书派的学人，他们企图利用百科全书（卢梭自己也参与了编写工作）来不声不响地将哲学普及化。在卢梭看来，

212

---

① 译文参照：《论人类不平等的起源和基础》，79 页。

他们的做法不可能造福人类，只会加剧人类的灾难。

卢梭关于沉思之人的言论对狄德罗来说是个挑战。所以后者在关于"自然权利"的词条中求助于古典定义。狄德罗小心隐藏着他对卢梭的批判意图，如此写道："我发现一件无论是好人还是坏人都达成了共识的事情，这就是，人们在任何情况下都必须思考。因为人不仅仅是一种动物，而且是一种会思考的动物。"人是动物，但他与其他动物的区别正是在于思考。狄德罗在这里讲的是一种从高处的堕落——人类又变回了动物；而卢梭讲的是一种从底处的堕落——人类失去了他自然的本能。只有当我们同时考虑到卢梭关于"思考有悖于自然性"的主张时，我们才能体会到狄德罗定义中内在的紧张关系，明白他不单单是在重复哲学传统中已成为常识的定义：人是理性的动物（亚里士多德）。当狄德罗主张，人在任何情况下都必须思考——不仅仅是针对所有的问题，而且是在任何场合、任何时间，也包括在自然状态下——的时候，他将亚里士多德式的古典定义推向了极端，也暴露了自己写下这句话的初衷。

与此相反，卢梭笔下的人在不做沉思的状态下快乐地生活，他们活在眼下自然的、随性的感觉当中。这也是卢梭对狄德罗及其同伙的哲学所发出的隐秘的攻击。狄德罗以"自然权利"这一词条回应，对所有疏于思考的人们实施制裁："那些拒绝思考的人，他们放弃了做人类的资格，必被周边的同类当作野兽（denaturiertes Wesen，英译本中为 wild beast）来对待。"狄德罗用一个发音十分相似的对应语"野兽"（animal dénaturé），与卢梭的核心词"变了质的动物"（animal dépravé）形成了对比。狄德罗建立这种对比想表达的是，卢梭对沉思的抨击以及他对思考的敌视，是一种剥离了人类固有天性的思想所产下的怪胎。因为任何拒绝履行思考之义务的人，尤其是那些扬言思考体现了人之变质的家伙，都是野兽。我们只有明白了狄德罗将拒绝思考的人看作是"变了质的动物"，才能完整理解他对"人是思考的动物"之定义。

狄德罗的矛头显然是指向思考的反对者——卢梭。卢梭饱含着乡愁，对人类已经永远失去了的、上古时期淳朴的原始状态表现出无限的憧憬；卢梭对哲学与理性表现出愤恨；他逃离巴黎社会，逃离哲学家的圈子，选择孤独地在森林中度日。狄德罗也许还想说，指责哲学带来了社会问题的人，是人类的敌人。卢梭也许在读到该词条时当即认为，"野兽"一词指的是他自己，就像他读到狄德罗的警句"只有恶人是孤独的"时的心理反应一样。

还有一种较为温和的解释方法。比如我们可以认为，卢梭和狄德罗在对"野兽"的认识上达成了共识。我们可以比较轻松地来看待这一名言，把它与当时知识分子久坐不动的病态生活方式联系在一起，并把它看成是一记健康处方：如果自然给人类预设了健康的生活，那么学者这种职业一定不属于它的计划。病态的生活方式是精神远离自然、远离生活的标志。自然和思考之间的和谐关系缺席了。根据卢梭的看法，人们至多可以在现有的文明条件下过一种简朴的生活，从而试图去获得一种第二自然性。他在《新爱洛伊丝》和《爱弥儿》中追求的那种简约生活，显然不是真实的原初自然状态，而是一种虚拟的自然状态。如果人们服从自然的戒律——"如果人们能够坚持自然为他们预设的朴素、孤独、恒定不变的生活"，他们就能达到这种虚拟的自然状态。

1769 年，当二人的关系破裂很多年后，狄德罗在《达朗贝尔的梦》中称卢梭是"反转运动的系统"，又一次围绕卢梭对思考的诋毁展开论述。不过在这里，狄德罗将论述的对象局限于学者的生存状态中病态的、反自然的因素——比如过度思考容易引起运动不足，从而缓和了卢梭原文的攻击性。狄德罗写道："没有什么比习惯性地冥想和学者的生活状态更有悖自然的了。自然人是为了多运动、少思考而被创造出来的。科学正好相反，要人多思考，少运动。"人们正确地认识到——狄德罗进一步补充道，人类的体内存在一种能量，在追求释放。但学习与思考并不是这种能量正确的释放方式，因为它使人蜷缩起来，忽视了人固有的动物性。狄德罗将卢梭对沉思的批判温和化，使它成为从医学角度对学究生活的指责。但卢梭要说的可不单单是思考所引发的功能障碍，他要表达的，是思想本身在原则上的反自然性与非法性。沉思，尤其是恒久不变的沉思，不仅远离自然，而且是反自然的。如此看来，为了改变思考状态而乱投医，企图从饮食、习惯等方面来解决问题的尝试都必然无果。

215

第四十三节 人类之敌

如果我们继续读狄德罗的"自然权利"词条，自然会明白，卢梭与狄德罗二人对沉思与反省的理解是多么水火不容。卢梭将自然状态描写为一种混沌的状态，其中的人是一种不大思考的、仅维持最小限度的反省的、近似于动物的生物。而狄德罗则不然，他执意认为，人类并非在发展过程中逐渐成为"会思考的动物"，早在人类历史的伊始，他们就具备所有能够掌握真理的本领。这样一来，思考就变成了人类不可逃脱的义务。如果有谁不顾这一义务而拒绝追求真理，他就放弃了做人的资格。对于狄德罗来说，一个拒绝思考的人被他的同类看作野兽，是一件理所当然的事。

拒不使用理性的人，逐出人类群体是他们应当受到的制裁。狄德罗十分清楚，人类即使求助于理性时，他们的行为也并非总是妥帖，他们也未必总会发现正确的真理。为了让正确的真理获得支配地位，那些与公认的真理对着干的人，或者一意孤行、逆着公认真理来的人，也必须被逐出人类群体，"一旦真理被找到了，不论谁如果拒绝遵循真理，那他不是疯子，就是心怀恶意，故作恶行"①。狄德罗的理性道德使出了最后的撒手锏，将使用理性却不愿或不能遵循常识的人也列入被驱逐的对象。将异端逐出人类，是保全理性之完好无损的手段。

因为人们在任何时候、任何情况下都应该能够辨别普遍意志（der allgemeine Wille）的内涵，狄德罗设想，当热情平复后，他能够通过一个简单的认知行为（Verstandesakt）开启每一个人，让他们认识到，他可以向其同类要求什么，他的同类有权向他要求什么。这样一来，每个个人与社会之间的关系，以及不同社会之间的关系就能够得到调控。但是，按照这种方式构成的社会也有可能是暴徒的社会，所以人们需要制定法律，并让所有的人在法律面前平等。如此一来才能够确保普遍意志（普遍意志永远不会犯错，它对人类的福祉拥有法定的支配权）在发生冲突时始终处于上风。有了这样一套考究的制度安排，狄德罗说道，立法者在任何社会都将获得人们特别

216

---

① 译文参照：《自然权利》，载梁从诫译《狄德罗的〈百科全书〉》，广州：花城出版社，2007年，311页。

的敬仰，因为他们会将普遍意志的权威与他们的个别意愿融合在一起。狄德罗这里言及的"立法者"，当然是指自己与其友人们。

217　　在这篇结构极其简练的关于自然法的词条中，狄德罗插入了一处自己的突发奇想，破坏了原本打磨得已十分光滑的结构——这符合他一贯的独特精神气质。在狄德罗的设想中，即使人类这个物种总是在不断地变动，自然权利的本质也不会改变。传统的自然权利学说从来不曾斗胆正视人类这一物种本身发生的变化，而狄德罗为人类物种变化说敞开了大门；不过与此同时，狄德罗也通过普遍意志的机制确保在每一次的变动之后，能够迅速重新达成基本的稳定性。根据这种人类物种变化说，狄德罗本来可以迈向这样一种版本的理解方式，即人类的不同变种自立山头，在尚未达成理性的合意之前，各个变种围绕着对人类的定义而相互角逐。每一个变种组成的社会都自称是人类的代表，并为了人类这一理念心安理得地对其他社会开战。

　　狄德罗相信，将那些不愿服从于普遍意志的个体开除人类的队伍，能够确保人类的统一性。这里就显现出人类这一理念所潜在的恐怖主义色彩。顺便提一句，把某些人排除在人类队伍之外早已是司空见惯的做法。比如在发现新世界、占领新世界的过程中，自然形成的自由空间，尤其是海域，逐渐开始被纳入法律的规制范围。卡尔·施米特曾指出，将某些人开除出人类群体这种特殊的驱逐方式，在新时代的海洋帝国兴起时，曾十分普遍。对于这些海洋帝国来说，海盗就是人类之敌。当海洋帝国崛起，所有曾经自由地在海域中活动的人都沦为罪犯和暴徒。但这并不是说他们犯下了公认的罪行，而是他们成为

了"即成秩序的侵扰者"。秩序使海盗成了侵扰者："海盗被 　218
宣告成为人类之敌。（hostis generis humani.）"海洋帝国的支
配者们借助他们的秩序成效（Ordnungsleistung）来确立自己的
人类属性，从而将海盗从人类中驱逐出去。这种驱逐行为的前
提，是存在一种自由在原初时的无拘无束，也就是一种自然状
态下的自由。随着人类离自然状态渐行渐远，那些执着于无拘
无束之自由的人们，就会被判定为人类之敌。当讨伐"人类
之敌"的呼声变得震耳欲聋，正如狄德罗所做的那样，这标
志着一个新秩序的出现，它要通过站在"人类"一边来使自
己合法化。

　　人类之敌——卡尔·施米特如此定义道——是那些不愿迈
步走出自然状态的人。或者是那些身处于文明社会中，仍然要
求拥有自然状态中之自由的人。这就是卢梭的处境，他不光热
烈地赞颂自然状态，而且坚信在自己的身上重新发现了自然
人。卢梭选择退出社会，归隐于自然的淳朴之中，因此成为巴
黎学人公开的敌人。在这一背景下，在读到狄德罗针对一般自
然权利的论述时，卢梭会感觉到，自己——通过遁入一种自然
状态式的田园生活而对新秩序提出质疑的人，作为新秩序的局
外人受到了直接的攻击。在此背景下，狄德罗所言"只有恶
人才是孤独的"听上去就格外刺耳。卢梭或许猜想，针对遁
出社会、要求获得自然状态中之权利的人，社会对其的驱逐很
有可能演变成迫害。

　　从某种意义上讲，卢梭与狄德罗在对"人"的认识上产
生的分歧，是这场阴谋的起点。如果遵循狄德罗的论点，卢梭
就成了人类之敌，他冒充自然人（自然人不曾受到沉思的扭
曲，所有的理性斡旋都会在他这儿失效），从而回避理性给社

219 会带来的平复作用。两种相互迥异的对"人"的认识在此对立起来：狄德罗的"人"为了树立或者保全人类的统一性而臣服于理性的作用；卢梭的"人"拒绝哲学这种造福人类的道具，遁入一种孤独的存在状态。两者水火不容。这两位友人之间的对话必然会导致原则上的误解，而这一误解，也明确无误地反映在他们破裂的友谊之中。

参考文献

Beccaria, Cesare: Über Verbrechen und Strafen (1766). Übersetzt und heraus-gegeben von Wilhelm Alff. Insel Verlag, Frankfurt am Main 1966

Balzac, Honoré de: La Comédie humaine (1829 ff.). Hrsg. von Pierre-Georges Castex, 12 Bde., Gallimard: Bibliothèque de la Pleiade, Paris 1976 – 1981. (Werke, 46 Bde., 1923 – 26. Neuauflage, Rowohlt Verlag, Hamburg 1961)

Bergson, Henri: Les deux sources de la morale et de la religion (1932). Edition du centenaire, Presses Universitaires de France, Paris 1970

Chateaubriand: Génie du christianisme (1802). Hrsg. von Pierre Reboul, 2 Bde., Garnier-Flammarion, Paris 1966

Diderot, Denis: Lettres sur les aveugles (1749). Oeuvres philosophiques, hrsg. von Paul Vernière, Garnier, Paris 1964. (Brief über die Blinden. Philosophi-sche Schriften, Bd. 1. Aufbau Verlag, Berlin 1961)

Diderot, Denis: Droit naturel (1755). Oeuvres politiques, hrsg. von Paul Ver-nière. Editions Garnier, Paris 1963. (Natur-recht. Philosophische Schriften, Bd. 1)

Diderot, Denis: Entretien d'un père avec ses enfants (1771). Oeuvres philoso-phiques

Dostojewski, Fjodor M.: Rodion Raskolnikow. Schuld und

Sühne（1866）. Übersetzt von E. K. Rahsin, Piper Verlag, München 1963

Dostojewski, Fjodor M.: Tagebuch eines Schriftstellers（1873 – 1881）. Über-setzt von E. K. Rahsin Piper Verlag, München 1963

The Federalist Papers（1787/88）. Hrsg. von Clinton Rossiter, Mentor Books: New American Library, New York 1961.（Die Federalist Papers, übersetzt, eingeleitet und mit Anmerkungen versehen von Barbara Zehnpfennig. Wissenschaftliche Buchgesellschaft, Darmstadt 1993）

Frank, Joseph: The Mantle of the Prophet 1871 – 1881. Princeton University Press. Princeton und Oxford 2003

Freud, Sigmund: Zeitgemäßes über Krieg und Tod（1915）. Gesammelte Werke, Bd. X. S. Fischer, Frankfurt am Main 1999

Freud, Sigmund: Das Unbehagen in der Kultur（1930）. Gesammelte Werke, Bd. XIV. S. Fischer, Frankfurt am Main 1999

Friedrich, Hugo: Montaigne. Francke Verlag, Bern und München 1962

Ginzburg, Carlo: Einen chinesischen Mandarin töten. Die moralischen Impli-kationen der Distanz. In: Holzaugen. Über Nähe und Distanz. Wagenbach, Berlin 1999

Gehlen, Arnold: Moral und Hypermoral. Eine pluralistische Ethik. Athenäum Verlag, Frankfurt am Main und Bonn, 1969

Hazard, Paul: La Crise de la conscience européene, 1680 – 1715（1935）. Librairie Arthème Fayard 1961.（Die Krise des europäischen Geistes. Claassen Ver-lag, 1939）

Hirschman, Albert: Leidenschaften und Interessen. Politische

Begründungen des Kapitalismus vor seinem Sieg. Suhrkamp Verlag, Frankfurt am Main 1984

Hirschman, Albert: Engagement und Enttäuschung. Über das Schwanken der Bürger zwischen Privatwohl und Gemeinwohl. Suhrkamp Verlag, Frank-furt am Main, 1984

Hume, David: Essays Moral, Political and Literary (1777). Hrsg. von Eugene F. Miller. Liberty Fund, Indianapolis 1987

Jünger, Ernst: Der Arbeiter. Hanseatische Verlagsanstalt, Hamburg 1932

Kolakowski, Leszek: God Owes us Nothing. A brief Remark on Pascal's Reli-gion and on the Spirit of Jansenism. The University of Chicago Press, Chi-cago und London 1995

Lévi-Strauss, Claude: Eine erneute Lektüre Montaignes. In: Die Luchsge-schichte. Carl Hanser Verlag, Miinchen 1993

Montaigne: Essais (1580 und 1588). Oeuvres complètes, hrsg. von Albert Thi-baudet und Maurice Rat, Gallimard: Bibliothèque de la Pleiade, Paris 1962. (Essais, erste moderne Gesamtübersetzung von Hans Stilett, Die Andere Bibliothek, Eichborn Verlag, Frankfurt am Main 1998)

Montaigne: Journal de voyage en Italie (aus dem Nachlaß 1774). Oeuvres complètes. (Tagebuch einer Badereise, Bibliothek klassischer Reisebe-richte, Steingräber Verlag, Stuttgart 1963)

Montesquieu: De l'esprit des lois (1748). Oeuvres complètes, hrsg. von Roger Caillois, Bd. 2. Gallimard: Bibliothèque de la Pleiade, Paris 1951 (Vom Geist der Gesetze, hrsg. von Ernst Forsthoff, 2 Bde. , Tübingen 1951)

Nussbaum, Martha C. : Upheavels of Thought. The Intelli-gence of Emotions. Cambridge University Press, Cambridge 2001

Pascal, Blaise: Pensées (aus dem Nachlaß 1670). Hrsg. von Brunschvicq. Édi-tions Garnier, Paris 1964. (Über die Religion und üiber einige andere Gegen-stände. Pensées. Lambert Schnei-der, Heidelberg 1972)

Rousseau, Jean-Jacques: Discours sur les sciences et les arts (1750). Oeuvres complètes, hrsg. von Bernard Gagnebin und Marcel Raymond, Bd. III, Gal-limard: Bibliothèque de la Pleiade, Paris 1964. (Abhandlung über die Wis-senschaften und Künste. Schriften Bd. 1, hrsg. von Henning Ritter. Carl Hanser, München 1978)

Rousseau, Jean-Jacques: Dernière réponse à Bordes (1752). Oeuvres complè-tes, Bd. III. (Letzte Antwort an Bordes. Schrift-en, Bd. 1)

Rousseau, Jean-Jacques: Discours sur l'origine et les fonde-ments de l'inégalité (1755). Hrsg. und kommentiert von Jean Starobinski. Oeuvres complètes, Bd. III. (Diskurs über die Un-gleichheit. Kritische Ausgabe des integralen Textes, von Heinrich Meier. Ferdinand Schöningh, Paderborn 1990)

Rousseau, Jean-Jacques: Lettre à d'Alembert (1758). Oeu-vres complètes, Bd. 5 (1995). (Brief an d'Alembert über das Schauspiel, übersetzt von Dietrich Feldhausen. Schriften, Bd. 1)

Rousseau, Jean-Jacques: Les Confessions (1782). Oeuvres complètes, Bd. I (1959)

Rousseau, Jean-Jacques: Rousseau juge de Jean-Jacques

(1780). Oeuvres com-plètes, Bd. I (1959). (Rousseau richtet über Jean-Jacques. Schriften, Bd. 2)

Rousseau, Jean-Jacques: Lettre à Voltaire 18. August 1756. Lettre à Saint-Ger-main, 26. Februar 1770. Lettres philosophiques, hrsg. von Henri Gouhier, Librairie philosophique J. Vrin, Paris 1974

Smith, Adam: The Theory of moral sentiments (1759). Hrsg. von D. D. Raphael und A. L. Macfie, The Glasgow Edition of the Works and Correspondence of Adam Smith, Oxford University Press, Oxford 1979. (Theorie der ethi-schen Gefühle, hrsg. und übersetzt von Walter Eckstein, 2 Bde. Felix Mei-ner: Philosophische Bibliothek, Leipzig 1926. Neuauflage Hamburg 2004)

Smith, Adam: An Inquiry into the Nature and Causes of the Wealth of Na-tions (1779). Hrsg. von R. H. Campbell und A. S. Skinner, The Glasgow Edi-tion. (Der Wohlstand der Nationen. Eine Untersuchung seiner Natur und seiner Ursachen, übersetzt und herausgegeben von Horst Claus Reckten-wald. C. H. Beck, München 1974)

Schmitt, Carl: Der Nomos der Erde im Völkerrecht des Jus publicum Euro-paeum. Greven Verlag, Köln 1950 (seit 1960 Duncker und Humblot, Berlin)

Schopenhauer, Arthur: Preisschrift über die Grundlagen der Moral (1840). Sämtliche Werke, hrsg. von Wolfgang Frhr. von Löhneysen, Bd. III. Suhr-kamp Verlag, Frankfurt am Main 1986

Tocqueville, Alexis de: De la démocratie en Amérique, 2 Bde. (1838 und 1840). Oeuvres, Papiers et Correspondances,

hrsg. von J. -P. Mayer. Galli-mard, Paris 1961. (Über die De-
mokratie in Amerika, zwei Bände. Aus dem Französischen
übertragen von Hans Zbinden)

Valéry, Paul: Voltaire. Oeuvres, hrsg. von Jean Hytier, Bd.
I. Gallimard: Biblio-thèque de la Pleiade, Paris 1957. (Werke,
Frankfurter Ausgabe, hrsg. von Jür-gen Schmidt-Radefeldt, Bd.
3: Zur Literatur, Insel Verlag, Frankfurt am Main 1989

Voltaire: Dictionnaire philosophique (1764/1767). Hrsg.
von Étiemble, Édi-tions Garnier, Paris 1967

Voltaire: L'Affaire Calas. Pièces originales concernant la mort
des sieurs Calas (1767). Mélanges, hrsg. von Jacques van den
Heuvel, Gallimard: Bibliothè-que de la Pleiade, Paris 1961

Voltaire: Poème sur la religion naturelle. Poème sur le
désastre de Lisbonne (1756). Mélanges

人名索引

（索引页码为原书页码）

图书在版编目（CIP）数据

无处安放的同情：关于全球化的道德思想实验／（德）汉宁·里德著；周雨霏译. —广州：广东人民出版社，2020.1（2020.3重印）

原书名：Nahes und Fernes Unglück：Versuch über das Mitleid

ISBN 978 – 7 – 218 – 13889 – 3

Ⅰ．①无⋯　Ⅱ．①汉⋯　②周⋯　Ⅲ．①哲学理论—研究　Ⅳ．①B0

中国版本图书馆 CIP 数据核字（2019）第 227086 号

WUCHU ANFANG DE TONGQING：GUANYU QUANQIUHUA DE DAODE SIXIANG SHIYAN

无 处 安 放 的 同 情：关 于 全 球 化 的 道 德 思 想 实 验

［德］汉宁·里德　著；周雨霏　译　　　版权所有　翻印必究

出 版 人：肖风华

项目统筹：施　勇　皮亚军
责任编辑：施　勇　陈　晔
责任技编：周　杰　吴彦斌

出版发行：广东人民出版社
地　　址：广州市海珠区新港西路 204 号 2 号楼（邮政编码：510300）
电　　话：（020）85716809（总编室）
传　　真：（020）85716872
网　　址：http：//www.gdpph.com
印　　刷：恒美印务（广州）有限公司
开　　本：889 毫米×1194 毫米　1/32
印　　张：7　　　　**字　　数**：155 千
版　　次：2020 年 1 月第 1 版
印　　次：2020 年 3 月第 3 次印刷
著作权合同登记号：图字 19 – 2015 – 035 号
定　　价：58.00 元

如发现印装质量问题，影响阅读，请与出版社（020 – 85716849）**联系调换**。
售书热线：（020）85716826

Nahes und Fernes Unglück
Versuch über das Mitleid